重民时代

袁岳 著

北京航空航天大学出版社

图书在版编目(CIP)数据

重民时代：袁岳社会管理新思路 / 袁岳著. -- 北
京 : 北京航空航天大学出版社，2012.3
ISBN 978 - 7 - 5124 - 0655 - 1

Ⅰ. ①重… Ⅱ. ①袁… Ⅲ. ①社会管理学 Ⅳ.
①C912.3

中国版本图书馆 CIP 数据核字(2011)第 249064 号

重民时代——袁岳社会管理新思路
袁岳 著
责任编辑 宋淑娟
*
北京航空航天大学出版社出版发行

北京市海淀区学院路 37 号(邮编 100191) http://www. buaapress. com. cn
发行部电话:(010)82317024 传真:(010)82328026
读者信箱:bhpress@263. net 邮购电话:(010)82316936
涿州市新华印刷有限公司印装 各地书店经销
*
开本:700×960 1/16 印张:13.5 字数:128 千字
2012 年 3 月第 1 版 2012 年 3 月第 1 次印刷 印数:8 000 册
ISBN 978 - 7 - 5124 - 0655 - 1 定价:36.80 元

创新"白道"的精神

素来，人们格外想生活在朗朗青天之下，但为白道系统辩护与论证得还不够多。我在这里所说的"白道"是公共服务部门。我以为真正的白道之兴来源于客观与主观两种进化。客观进化来自于：其一，治理的空间与程序是否透明；其二，关键权力者之间是否形成一定的制约；其三，关键利益相关者是否有一定的空间发声。而主观进化则来自于：其一，是否是真正有公共服务热情的人们参与了公共治理活动；其二，公共治理领域是否容纳了多种创造性的才智与方案；其三，勇于为公共利益牺牲者是否得到了公众的赞赏。

在社会开放的过程中，白道虽然在资源与能量方面不断扩大，但其道义的感召力似乎并没有等比例地上升。在公务员报考热中，人们真正能说出来的公务单位的优点似乎也就是"安稳"二字。相反，那种单纯的服务热情、积极的解决问题的创思、期待透过公益组织参与公共服务的愿望，则不是稀少，就是易于在官僚程式面前冷却。做一个公共管理的观察者是一件有意思的事情，而观察中国庞大的公共服务队伍与部门则更有意思。这本书是一本观察与实验的心得，也是一个热心公共事务者的积极创见的汇集：

——过去我们是大政府小社会，现在我们是大政府大社会。社会的发展更加丰富多彩了，政府控制的资源与权力更大了，但社会的问题与矛盾也更多了，单纯的党政机制已经必须要转向同时借助于民间公益机制的多元机制发展。

——过去的领导有毛主席的老三篇就够了，现在的公共管理者要讲究真真假假的创新。这意味着有出息的管理者必须看新书、学新词、整新事，否则就会累积越来越多的新矛盾，导致一地官场、一地鸡毛。

——过去的公共治理不分前后台，书记啥事都得说了算；而现在，场面上越来越需要能给大家一个交代得过去的理由，像过去那样书记拍着胸脯说"老子就是法律"的作风，现在越来越不好使了。因此，像选择政务官员、公共事务外包和公益创业这类的事情从此有了新空间。

——过去所谓的公共管理就是管制老百姓，现在的公共管理越来越要能向大家有所交代。只要是不能交代的事情，一旦被曝光，一旦被人肉搜索，结果可就惨了。而事前知道会不会被老百姓骂，事后知道大家会骂成啥样，就成为考验执政智慧的一个指标。

——过去你得听领导的，现在你也得听点群众的。公共管理者将成为风箱里的老鼠，两头受气：一怕被领导骂，二怕被老百姓骂，尤其是怕被网民骂。中国不搞大选，但是也必须要创造各种各样的机制来平衡两头的需要，尤其在两头冲突的情况下。

——过去的公共管理就是政府管理，现在的公共管理也包括了非政府组织的管理。良好的治理必须要包括民众更多的自治；但是，一般民众还没有太把长期和职业化地从事非政府的公益组织工作当成职业，因此，动员与鼓励更多受过较好教育的青年人投入公益事业就成为一件重要的战略性工作。

——过去你可以没有个人魅力；但是现在个人魅力越来越重要了，只会读稿子、坐主席台、讲套话的领导越来越被大家鄙视了。八股文、主席台脸、标准照、念报告越来越有漫画讽刺味道了。

——过去是个公务员就能在自己的岗位上占点便宜；现在的公共管理流程与效率决定了在行政流程中要占小便宜很难，要占就占公共项目中的大便宜。政务公开做起来很难，而且做起来会有越来越大的压力，公开化的公共流程加大了图利的风险。

——过去当官没现在这么难，能做的人还真有两下子；而现在，公共服务的要求越来越高了，很多地方与部门领导提出了建设服务型政府的目标。但是，想进入公务员队伍的人为了求得安稳的职位而托关系，使得服务素质更难保障了，从而令政府部门陷入悲哀的两难。

——过去我们的公共管理者主要在党校训练，现在有更多的公共管理者去美国、欧洲国家和新加坡接受训练。这充分让我们感受到中国社会与中国公共管理体制的开放性、学习力与实用性，从而很难简单地给中国的治理模式贴上任何现存的标签。

作为一个在中国的政府部门、商业机构、媒体和学术部门都有所见识的人，我觉得中国的白道真的是一个很丰富复杂的领域，是一个挑战与问题并存因而考验着任何参与者能力的考验场，是各色人等杂处其中、看似有序而实质上可有很大游动弹性的空间，是一个既深不易测而又似很格式化的魔方。中国社会的复杂性造成我们理解中国白道的复杂性，而中国社会遇到的挑战又让中国白道需要有更多的创新与突破，尽管这些创新与突破并不意味着都是正面的，但我们必须在积极进取中累积更多正面的价值。

目　录

0 社会管理创新六论

社会管理创新六论之1：建设中层社会

说到中层，很多人已经注意到从商业的角度对中产阶级的关注，也有人注意到从政策的角度对中间收入阶层的关注。而我所说的中层，是那些社会群体得以在日益专业化的社会中生存与发展所要依赖的中介专业群体——律师、会计师、评估师、设计师、咨询师、理财师以及各类专业顾问群体。其实，不管你的主观热情如何，我们的社会正在走向一个方向：你对于很多你面前遇到的问题，虽然是你的问题，但你似乎在知识与能力上跟不上，这可能是一个关于税务的问题，可能是一个关于买卖基金的问题，可能是一个关于装修设计的问题，也可能是一个关于心理健康的问题，从某种程度上说，我们所发展的社会在技术与知识上变得如此复杂，因而变成了一个不适宜普通人居住的社会，而你的生活质量与发展保障，越来越取决于是否能得到适当专业人员的帮助，从而使得这些专业人员构成了这个社会日益丰富的中介服务阶层。

从某种意义上说，社会中最原始的成员，他们在某个方面可能是专业的，比如说他们是一名专门领域的职工，是幼儿教师，是打字速度超过普通人很多倍的打字员；但在其他很多方面，他们往往是弱知或者无知的，因此需要依赖更多专业化的中介服务来帮助他们提升在其他方面需求的实现度。不管你多么聪明，当你现在遇到一个债权债务纠纷时，找律师也许是个不错的途径，虽然我自己也学过法律，但在遇到法律纠纷时，我发现自己比起专业律师来还是业余很多；而专业的投资顾问，显然有更多的经验可以帮助一个企业很好地进行融资；甚至我发现，在人力资源方面，我们外请的人力资源顾问与员工的沟通，在一定程度上比我们自己与员工的沟通更有说服力；而对于有些问题，咨询顾问可以发现很多连企业领导自己也很难觉察的灯下黑问题。换句话说，社会与社会成员，他们对所遇到的很多问题，既不是简单地完全靠自己去对付，也不是简单地让政府去解决，而是靠一个日益发展的中层专业服务体系去支持与帮助，这个体系既照顾到了针对性，也考虑到了合理性，当它们发展到更为规模化的时候，那么以委托服务为特色的中介服务层就扮演了非常重要的、合理的、社会服务层的角色。

因此，我们在考察一个地方的所谓社会服务与社会管理创新的时候，应该特别注意为专业中介服务创造更好的条件与鼓励、支持措施，因为在很大程度上它们用一种"专业社会"的样式帮助了"普通社会"，也能让普通社会成员有了更强的社会行动能力。我们想象一下，如果在一个城市或一个社区中，有一些很受大家尊敬也可以得到其帮助的有公信力的律师、财务顾问、急公好义的公益人士、青少年成长顾问、心理健康专家，那该是多么好的事啊！

社会管理创新六论之2： 建设有公信力的协会

说到商会，大家都知道，浙江商人走到任何一个地方做生意都会组织商会，甚至在很小的非洲国家也能找到浙江商会的影子。浙江商会的公信力来自于它们真正地定位出它们可以做的实事与帮助能力，商会的领导来自民选，以及那些乐于担当商会中比较重要责任的人，因而使得该商会成为与其他商业群体与资源群体进行群体博弈的平台。而相比较而论，很多其他的地方商会则不成气候，很重要的一点是官方介入太多，或者由前任官员主导的味道太浓，而没有一个能真正服众的治理机制与负责模式，从而将商会组织变成了一个独立的牟利中心。

说到协会，我自己所在的市场研究行业，多年来形成了一个自治程度相对较高的协会：海选协会领导层，核心机构多为协会做贡献，主管机构不会简单干预协会工作。我们避免了大一些的行业协会很难避免的命运：协会还像行政机关一样运作，脱离不了行政机关的作风与行为模式；协会成为某种意义上的行政配角与业余活动的平台，最多靠卖牌子去

重民时代——袁岳社会管理新思路

凑很多民间商业活动与论坛的热闹。

行业公会是市民社会发育的重要先声，公会化使得特定行业与利益领域形成了一种比较高效的对话与利益沟通机制，在很大程度上，越是分散与弱小的行业越是需要公会化的组织模式，从而改变其在社会整体利益对话中的地位。同是行业，组织化与代言人化的行业就有更多形成声音与寻求压力的能力，对比房地产行业与家居行业，我们可以看到这种区别；同是从业者，是否形成了组织化的利益表达机构也会导致不同的社会地位。美国占总人口不到5%的农场主，在强有力的农场主协会的运作下，其政策影响力就远大于中国占总人口超过一半的农村地区人口的政策影响力。衡量社会管理与服务的一个很重要的标志是，能够让协会与商会在多大程度上发挥其社会化的作用。目前在包括温州、泉州和珠三角的不少基层地区，自治化的商会与行业协会发育起来了，它们协助支持了不少社会服务职能，但是在较高的区域层级与国家层面上，协会与商会作为行政附属的局面还是普遍的，这就导致了社会发育的上下不对接。

在社会管理创新政策的大背景下，政府管理的变革在于大幅弱化对协会、商会类组织成立与发展的控制，减少对这类组织的塞人措施，增大协会、商会在政策提议上的发言权，给予其以更大的行业活动空间，也让它们更多地进入到包括人大、政协等带有政策影响力的参政议政机构中。而其间需要特别注意的是行业协会与商会的平衡发展，也就是不能只让少数行业依靠规模与先发优势而形成强力组织，还应该对一些弱势行业在其发展中给予适当的政策支持与鼓励。

社会管理创新六论之3：　推动公益组织大发展

目前的我国社会，政府成为公共事务的垄断者，公共管理等同于党政管理，由于公权力的自然特性，使得在处理重大、划一及资源规模配置的事务上，这一模式尤显优势；但对于多元多样、群体差异大和两难性的社会问题，传统的党政处理模式的优势并不明显。未来在社会服务能力的发展中，公共事务的最佳解决方式应逐渐转变为仍以党政管理为核心模式，但对于大量复杂的具争议的和社会需求差异较大的社会事务，则由多种多样的公益组织来担负。那么问题是，我们现在有那么强的公益组织来承担这样的工作吗？

如果站在区域社会管理创新的角度上看，目前的公益组织发展可以考虑四个重要的方向：一是在鼓励公益组织发展方面形成明确而具体的地方性政策，并在无主管与放宽登记标准方面迈出新的步伐；二是着力鼓励本地区的青年介入社会公益，让青年在寻找与体会社会贡献方面找到自己的着力点，而不是沉迷于做网络愤青，这也为本地区的公益发育解决了根本的人才制约问题；三是加大引进外地公益组织的力度，就像工商业领域的招商引资那样，鼓励外地公益组织进入，为本地公益组织的发展提供就近的样本与经验借鉴；四是大力发展本地公益创业与公益创投，把由政府引导的公益基金会与鼓励本地社会组织成立的公益基金会联合起来形成合力，大力鼓励服务社区与各类社会服务的公益操作组织的诞生。如此，只有形成了一个地方公益发展的气氛与大环境，组织创新才能为社会管理创新奠定基础。在这方面，上海、深圳、成都已经进行了一些有价值的探索。

公益组织的发展代表着公益工作的专门化、社会服务人才的丰富化以及社会管理机制的多元化，公益组织既是社会的中介型柔性服务机构，也是在某一领域以解决问题与提供社会支持为特色的机构，它们往往能大大加强社会成员在解决问题时的参与度和志愿服务精神，它们也大大柔化了社会服务领域的官本位以及凡事找政府、出事骂政府的模式。只有在公益组织大发展的情况下，社会矛盾的化解与缓和才有了更多的选项，民众的自我服务与自我支持才有了更为丰富的平台，而且公益组织本身还能创造更为丰富的社会资源与经济活动，同时也为一个地方的就业提供了新的渠道。值得重视的是，民众中本来就有相当比例的人群是有社会服务精神的，公益组织的发展也为他们提供了公务员之外的可行的服务选择渠道。

社会管理创新六论之4： 透明度的管理

当一件有关公众利益或人们所关注的事情发生时，往往存在着双重焦虑——站在责任部门的角度，希望把事情限制在尽可能小的范围内，然后再把事情处理漂亮了，或者在领导的许可下向社会公开，其焦虑的是，在事情还没有眉目或者牵涉复杂背景时，一旦走漏消息，会使事情的处理变得被动；站在公众的角度，担心事情在内幕之中被人在背后运作，最后在不明不白之下将事情运作成另外一种样子，而徇私舞弊的事情也很有可能在这种情况下发生，公众所焦虑的是，没有透明就无从监督，那些掌握内部信息与资源者最容易上下其手。

在此前提下，社会管理的创新目标是要建立信息对称型的政策对话模式。美国斯坦福大学发明的认知型民意调查方法，就是在公众经过和未经过充分的政策解释的前提下，对其态度进行测试，结果发现公众态度的差异非常大。而今天我们的公共事务管理与政策信息解读，在考虑让民众参与、明白，尤其借助于真实的社会事件让民众及时掌握信息，清晰解读政策规定方面，存在着一定的差距，这就使得社会管理中的管理对象与管理者之间信息不对称的情况比较严重，双方误解、不信任、防范、恶意解读的可能性也就非常大。其中五个方面的问题尤其需要注意：一是是否在政策与行政措施实施之前于早期就能接触普通民众，掌握大家真实的需要；二是是否用公众辩论与动员的方式让民众潜在的和轻易不愿意表达的真实的政策诉求浮出水面，尤其注意应避免使用操纵式的政策听证模式；三是是否用大家能够明白的通俗语言和公共沟通方式与大家沟通；四是在特定社会事件发生时，是否在第一时间提供给公众相关信息，而不是采用被动方式给出挤牙膏式的应对信息；五是是否宽容了公众信息的误偏，并且更加严格地要求政策信息的及时与公开披露。

"零点"所进行的县市长民调结果清晰地显示，只要民众对县市长实际在做啥不知道或者不确定，他们就更倾向于认为他们有可能在弄权贪渎，也就是说不透明与不公开本身就会加剧公众对公权力与公共领导人的不信任。相反，如果公共领导人能尽量与公众用通俗亲和的方式沟通，则即使他们行为有所不足也会容易得到公众的谅解。因此，把信息对称作为社会管理创新的一个追求是非常必要的，因为在缺乏充分信息的情况下，社会面与公权力面之间容易形成对立的局面，因而使对社会的管理更容易变成是对社会的管制，从而很难达到基于社会自觉的社会自我治理。

社会管理创新六论之5：　从参与式预算开始

参与式预算，就是指某些与民生直接相关的公共预算，不是使用行政部门自己立项编制的方式，而是采用公开进行预算方向的公众咨询、接受公众与社会团体的立项建议、进行预算立项与预算计算的公众或社会团体讨论、预算立项竞标化、预算执行过程公开化与接受社会组织监督、预算执行成果实行公众评估或将评估结果向公众公开的方式。预算是公共事务管理的关键，参与式预算的推行使得公众、社区组织、社会团体对公共事务的参与可借助财务支持的方式得到更有力的保证。但在参与式预算的推行中，以下三个问题需要特别重视：一是需要适当的社会动员，这样，参与式预算才能参与得更充分。这一社会动员是说在基层与社会群体面中，要广泛借助于新的社区服务、社会教育和公益推动，来产生更多的公共活动、公共服务和更高的参与兴趣，并在这样的过程中有了更多的公众意见交流和新公共人物的产生。二是注意社会相关利益集团参与的平衡性与全面性，而不是简单地让某些利益集团的利益得到过偏的体现。比如相对而论，企业家的意见比白领、蓝领的更能得到体现；市民的意见比流动人口的更能得到体现；年轻网民的意见比中老年市民的更容易被听见，因此需要设计出平衡参与的多元机制。三是需要在实验的基础上，找到不断优化的工作流程。由于预算制定具有一定的专业性，所以预算编制的参与和监督，将来很可能由更具一定专业性的公民或公益问政团体和社会中介组织来担当。

参与式预算只是社会公众参政的一个新突破点，未来的公众参与尤其要凸显在社区创新公共动员机制与公共政策的早期制定上，在这个方面尤其需要四个方面的社会管理机制的创新：一是在社区层面鼓励更多公益社会服务的进入，支持外部社会工作与内部社区居民工作的组合社区服务的创造；二是党政部门、民意机关应鼓励更多的公益团体与社会团体收集民众意见，以作为施政的依据；三是尝试对利益争议较大的决策项目进行公共政策辩论与开放式讨论；四是鼓励与尝试让人大代表和政协委员建立与社区和社会利益组织之间的沟通与联系机制，加强其民意代表功能，使其参政、议政功能更有直接代表社会利益的特性。在参与式预算工作的过程中，将会推动基层社区服务上一新台阶，并为目前基层自治组织的选举提供新的发展动力与公共人才准备。

社会管理创新六论之6：　创新公共外包的模式

公共服务不只是党政部门有其责，也不只是依靠公益组织的发展壮大，还需要更好地依靠现有社会企事业单位发挥其在专业和效能上的优势，以外包的形式来推动其发展。目前，政府采购已经扩及研究外包、电子政务外包、产业园区管理外包、产业引导基金管理外包等很多方面，这些都是引用社会力量进行社会服务的典型做法。

但还是有更多方面需要进行充分的外包尝试，比如，独立公共呼叫中心，现有的政府热线可能存在着部门本位遮盖、热线不热反应低效、缺少在热线基础上进行问题解决机制创新的设计等问题。目前，一个典型城市的所有党政部门的热线，在技术上，完全可以由统一的热线加以解决；在成本上，完全可以用相当于现有成本一半以下的投入来完成所有热线任务；在沟通模式上，完全可以把接听与主动追踪民意相结合；在策略上，完全可以从海量热线信息中找到主动加以追踪解决的公共政策热点；在最终问责机制上，完全可以把解决问题的反映结果纳入政府绩效考评的范围。如此，则可以让热线发挥其完全不同的作用。

再比如，公租房与廉租房将逐渐成为保障房中的主流，但是在全球范围内，这一类型房子的社区管理是个难度很高的问题，像如何做好这类社区与周围社区的协调，如何让这一社区内部的服务质量得到保证，如何让租户的自我管理与自我服务成型等。这类问题可以通过外包来解决，但可能不是简单的商业外包，那些具有公益特性而又有专业热情的管理性机构可能是不错的选择。

又比如，对各个地方的公益创投的管理，其中包括界定本地公益的核心方向，如何发起与管理由政府资助的公益基金会，集中管理公益组织孵化园区，优化管理公益创投流程，吸收与引进外部公益机构，优化与改造本地公益组织，动员与新创新型公益组织，这样的工作也可以委托专门的社会中介型公益机构来从事。

面向社会组织进行外包时，也需要把握好适当的政策界限：一是全流程的充分透明化与公示化，在目前的政府采购招标中，陪标现象非常多，项目成效评估环节普遍缺失，流程还需改善；二是需要建立第三方公众评估机制，而非闭门式的少数专家评估机制；三是需要在广泛的范围内进行应标机构的资格审核与事前认定，资格审定应做到更透明、更公开。

1 门道——升级与优化

公共政策的六个新转向

　　未来五年内，中国的公共政策可能有若干新的发展，其中一个重要的方面是执政治理策略模式的调整。试预测以下数个方面的转化，以供讨论：

　　——由实质性重视私营企业主，宣示性重视弱势群体，转向给予由专业人士构成的"新社会阶层"以社会地位，并对其政治代表性给予更多重视，从而构建出与社会阶层发育更接近的政治权力分配架构，但社会底层发言权相对较小的结构性问题仍然不会得到根本解决。

　　——由单一的党政管理模式，转向更加重视社会工作、加强政党的公共服务能力建设。以党的组织系统推动的新社会工作运动将很快浮上台面，强调执政党需要更多地介入社区服务和基层社会动员。

　　——由重视劳动价值的意识形态政策，转向更为重视投资价值的公共政策，经济调控工具库中的资本作用工具将大为增加。由政府掌控的国家投资行为不仅仅表现在国内基本建设方面，而更将进一步渗入全球基础建设投资与基础资源开发。

　　——由较为韬光养晦的全球行动策略，转向更为积极的全球竞合策略，在更多更好的国际组织与区域合作中形成更具中国色彩的策略主张。其中利用各类国际组织与区域组织，正面面对各项议题的自信与能力大大加强。

——由强调以睦邻友好为主的区域性外交战略，转向全球外交战略，并在包括非洲、拉美和欧洲等地区展开更为积极的合作。"远交近交"的策略替代"近交远冷"的策略，使中国外交意义上的"第二大国"形象更为突出。

——由自上而下的控制式治理体系，转向系统控制及民众反映的平衡要求模式，给予民意以更多反映的渠道与机会。其中公众评价、电子信息化、村以上级别的政权选举试点都将是意料之内的发展。

发展底线监控力

中国一部分输美的牙膏、食品、轮胎、水产品因质量安全而成为问题产品，不少国际媒体及经济专家质疑中国产品的成本下降是以品质下降为代价的，其结果是少数产品的品质与信用问题在这些媒体的渲染之下正在危及"中国制造"的形象与市场。这里面固然有人为炒作的因素，但也不完全是空穴来风。

其实，食品安全及部分产品的质量问题原本在国内就已经风声不小了，我们也知道，中国许多产品的技术质量及安全标准本来就是比较粗和比较低的（以前闹得很热闹的苏丹红问题，实际上是先在其他国家闹起来的，我们国内根本就没有这方面的标准，是有了动静之后才补定的标准），问题是这些比较低和比较粗的标准，在国内的执行尚不理想，因此，与国外那些相对比较细密、比较严格的技术质量标准相比，出问题是迟早和多少的事，不出问题反倒奇怪了。与前几年以来的轰轰烈烈的科技创新运动相比，严重的产品安全与产品品质问题所受到的关注远远不够，无论是行业研讨还是政府首脑露脸的相关重要活动皆少得有限。问题的关键在于：我们的行政模式在通常应由商业机制发挥作用的发展领域则相当发达，也极易操作，同时也容易有政绩效应；但一遇到这种涉及底线的领域，则政府反应的滞后就十分明显，因为这不是简单的财政预算投入与大会号召就能有所进展的问题，重要的是进展了也不易表述为我们领导习惯的经济业绩。长于发展而弱于保底就慢慢形成了很多地方领导总是更强调发展而较少解决保底问题的习惯，这种现象存在于经济VS环保、存在于创意产业VS文物保护、存在于新技术VS农业产业化等类领域，好抓的往往是发展型的前者，而不是底线型问题的后者。

保底需要一批有保底使命的人员、需要有保底的财政条件保证、需要有保底技能的训练、需要建设保底的流程体系，当然还要有针对保底问题令行禁止的法制权威。从中国的特色来说，保底部门的地位、一把手抓不抓保底、保底成效的业绩考评及对仕途是否有重要影响，这些都决定了保底工作会不会保得到及保得好不好。底保得不好，丢脸丢在家里，在国内丢久了，就难保不丢到家外、国外去。

游说才是政策的生命

美国的游说（lobby）大致分三类：其一是直接游说，例如美国农场主协会、美国制造商联合会、亚华协会、来复枪协会，它们以会员制形式存在，收取会费，很清晰地显示自己代表会员与会员所在行业或圈子的利益；其二是代理游说，主力是律师事务所、政治性公关公司、政策性策略公司，它们接受特定机构的委托，收取费用，用一套专业方式与社会关系网络来完成代理任务，而且它们往往有专门的注册游说人员，例如我这次接触到的威廉斯默仑策略机构，以及挺有点名气的卡西迪公关公司，对于这类机构，圈内人一望即知它们就是为人游说的，但圈外人还以为它们是做一般商业广告、律师服务或者咨询业务的呢；其三是倾向性游说，最典型的例子是美国的所谓独立思想库，思想库一般有一定的政策立场的倾向，例如布鲁金斯比较倾向自由主义立场，而企业研究所就比较倾向保守主义立场，那些捐助者也往往以此立场分类。思想库通常提供政策设计，具有游说能力，且其领导人物与主事者往往具有相当的社会地位与话语权，同时也被大家贴上了比较明显的立场标签；但是它们较前两类则更能表现出表面中立性，尽管实际上它们的资金来源与政策选择本身就具有倾向性。这三者在美国都非常发达，而且互相补充，从多个角度渗透和影响着政策决定者，构成了一个绵密的价值链条。

直接游说的最大特点就是直接而且聚集在特定利益群体所关心的问题上，但是它也因为其直接性而容易引起争议，其他相对或者相关的利益群体往往会抗议政策制定者偏听了直接游说者的意见。相对而言，倾向性游说的争议则会比较少，貌似第三者的意见，有些政策主张也不能说得那么只顾一方，"全碗端去"。在中国，直接游说还是主流，在一定程度上，当政者能听到一方或者少数人的游说意见就已经感觉很不错了，兼听模式还不流行，其特别典型的形式可从现在公布的许多听证会上看出来。独立思想库与个人化的学者游说在中国实际上已经开始存在，但大部分耻于公开宣称代表特定群体利益，而且很重要的是，他们往往通过公共舆论来间接施加影响，而政策制定者接受这类影响的常规模式还没有形成。在专业游说方面，一些国际公关机构在专业政策领域，如APCO在中国的公共卫生领域，已具有相当的影响能力，但以合法委托形式进行政策游说则既没有形成广泛的需求基础，也没有形成专业的供应产业，从这个意义上说，游说产业在利益集团多元化的中国还只是一个潜力型产业。

美国人的典型游说方式是：

① 调查研究报告。用系统数据与论证来确保游说的说法放到桌面上不是那么难看，我就记得为支持给予中国最惠国待遇，美国八大思想库曾经专门提出专项研究报告，"零点"还参与提供了相关数据。

② 研讨或讲座。其中以午餐讲座最多，主讲者与评论者阐述，听众可以提问与质疑，游说对象大半就被邀请在听众之中，我曾在卡内基多次做过类似讲座的演讲者。

③ 旅行考察。将游说对象组织进考察活动中，很多美国政界人士会参与类似活动，比如2011年夏天美中关系全国委员会就组织美国的市长代表团与国会助理代表团访华。

④ 争取出席听证的资格。美国国会与行政部门有大量的听证活动，这可以产生公开与直接影响决策者的作用，美国国会关于针对中国的贸易法案就需要大量听取美国贸易团体的证言。

⑤ 间接辅导。游说机构也做一些有意识地利用媒体和决策机构内部媒体，以及针对国会助理甚至议员和政府官员的培训进修项目的途径来传达所需传达的信息，同时也维护与这些人的关系。

除了以上主要的游说活动外，私人间的吃饭与聚会也经常被采用，但这些活动最终还需要以上那些相对正式的形式体现出来。游说也往往与政治捐款有联系，游说机构也出于利己的目的提供或者帮助提供政治捐款，但是这种捐款一是要限于法律规定的政治捐款的额度，以防少数人捐款过度而影响某些政客，二是这些捐款只能用于指定的政治活动，而不是简单地变成私人的款项。当然并不是没有违法的情形，美国因游说而起的政治丑闻这两年颇为不少。

相比较而言，在中国的游说形式主要有：

① 争取出席有关部门专门组织的立法或者行政政策意见听取座谈会；

② 参与针对决策者个人及其接近者的意见交往与表达活动，这一形式所占比重较大；

③ 利用权威媒体与权威信息收集机构提供高层领导可以翻阅的内参文件；

④ 利用知名专家与民意代表在两会或者其他场合发表个人意见，尤其借助于媒体压力引起决策部门注意。

在现有的游说体系中，针对个人与台面下的色彩还比较浓，防止偏听主要寄希望于政策制定者的善意与能力，而不是让不同利益群体均有公开游说的机会。既然核心决策者权力过于集中的现象很明显，则遏制个人化游说活动中的贿买现象就很不容易，很多人会发现游说甚至需要变成针对核心决策者家人或者亲信的活动。

有人也许仍然对游说的价值与道德色彩有批评或者疑惑，我的基本观点是：其一，只要有不同的利益集团，游说是必然会发生的，与其让自发游说存在，还不如允许自觉而专业的游说，与其让地下游说存在，还不如索性鼓励桌面上的游说，放到桌面上才便于规范与要求，才能在多种专业水平的多元游说能力的公开辩论与对话中，让政策制定者发现合适的公共尺度与政策界线，而这个过程本身就是有一定价值的公众辅导的过程；其二，游说本无毛病，重要的是要保证与支持不同意见与不同利益群体均有适当的表达与游说机会，让游说成为各种利益群体参与公共政策制定过程的重要参与机制，以防只有偏听的效果，在这个方面，弱势群体的表达能力尤其需要注意；其三，鼓励如律师、广告、公关一类的游说产业发展，使其形成专门的游说专业人才群体，提高游说的专业能力与职业伦理水平，这比各种人用乱七八糟手段混战在一起要好很多。所以我们实在有必要理一理游说这个中国的地下江湖了。

游说的世界需要规则

我刚读完班杰（Jeffery Birnbaum）写的《游说士》一书，这本书的趣味之处在于，它介绍了在老布什总统时期的美国第101届国会期间，美国著名游说士如何透过会议、信息、娱乐和个人交往等方法，在议案、国会预算法案及财政税收计划方面与国会议员、国会议员助理和政府主管进行互动从事游说活动的。与很多一般性介绍游说活动的书籍不同，读完这本书中关于多诺华、特万诺、罗斯腾科韦斯基等游说界大腕们的生动故事后，就会对在美国说客是如何工作的有了一个很具体的认识。恒生先生（Paul S. Herrnson）等主编的《利益集团联系》一书是论文集，但对美国利益集团在选举、政策制定、预算、司法程序中游说活动的介绍很为系统，也值得参考。

游说最早起源于英国，但却在美国发展成为最有公开影响力的一个特殊职业。尽管在民间"游说士"并不是一个体面的职业，正像一位有名的华盛顿说客所说，"我母亲一定不会把我作为游说士介绍给其他人，她会说我是国会代表或者政治咨询顾问"，但是很多人都知道他们在很大程度上能够左右政策走向，以致于不少政客本身都要仰仗他们的帮忙。美国总统奥巴马就曾公开拒绝接受说客的政治资助，但是我们世界学者项目最近在DC听取一位知名游说士的介绍时，他就不屑地提到奥巴马的助手向他拉捐助的事。美国的游说士往往一头与政界高层很有渊源，很多人原本就是政界人士(实际上目前在华盛顿的专业游说机构中，大约有150多人就是前国会议员），另一头他们与大企业和很多很有影响力的利益团体联结，并进而直接雇佣很多律师事务所、大学研究机构、思想库、媒体为他们工作，因此他们就是资源与权力的联结点。正如名游说士特万诺说的那样，"在我们的圈子里你就会知道，其实美国不是法律与法制构成的社会，而是一个人为的社会，只要你工作做到家。"

当然，游说总与利益交换有关，理论上说，如果不同的人群都有游说代表，那么这对表达人民的利益应该起到很好的作用；但是实际上，美国最重要的游说者是为大公司（美国在政治捐款与游说方面的前五大公司是AT&T、法拉第马克、菲利普莫利斯、微软与全球跨越）和少数组织很严密的利益集团如工会、犹太人社团、来复枪协会服务的。美国的地方政府为得到更多的联邦财政预算资助，也进行大量游说活动。尽管不同利益集团根据美国宪法修正案第一条"人民均有向政府诉愿的权利"而可以拥有游说权，但是美国早期的游说也的确大量与行贿受贿和不当娱乐密切相关。1936年开始，美国立法要求从事游说者要向商务部登记；1938年要求从事为外国政府与利益游说的游说者向司法部登记（目前对美国政府游说最多的外国政府与地区机构有日本、韩国、利比里亚、百慕大、中国香港、英国、埃塞俄比亚、加拿大等）；1946年国会立法要求游说士向国会登记并报告自己的游说活动。但此前的立法对于游说的定义比较狭窄，因此很多游说行为其实并不在规范范围之内。1971年的《联邦选举活动法》、1974年的修正法案、1996年的《游说披露法》、1998年的修正法案、2002年的《两党活动改革法》对于游说的相关活动的限制进一步具体化。尽管对游说活动的监督一直是一个难以清晰把握的问题，但是随着政治透明度的增加，权力机构代表在接受游说士的政治捐助与礼物限额上越来越谨慎，而相关的交往活动则越来越在桌面上进行，以免自己成为政治争议与司法调查的对象，尽管这样，为此而惹上麻烦的人还是不少。目前对于美国国会及选举的游说规范比较明确具体，但是在对行政部门的影响方面，以及大量存在的对地方政府的游说活动，法律规定则还是比较缺少。

在中国，公共政策领域游说行为也一直存在，随着利益分化的日益普遍，不同利益集团的游说行为更为密集，在隐蔽与不公开的情况下，在金钱等资源的支持下，游说活动足以导致公共政策与政府投资项目显著地向少数利益集团倾斜，同时滋生大量的游说性腐败行为，而在这方面我国也没有什么明确的限制。特定利益集团的过度游说不仅妨碍公平，也涉及腐败与透明化问题。中国地方政府在中央的项目与资助预算游说活动中，以"跑部钱进"为名广为流传。我们需要规范针对党政机关、立法与司法机关游说行为的立法，从而对游说资格、游说活动公开性、与游说相关行为的合法性界限、游说的管理机构与监督模式等作出规定。与美国的有组织利益集团和专业游说服务相比，中国还存在大量的个人关系游说，专业游说尚且会导致很多政治利益的不公平，个人化游说则更难管理控制，因此对于是否适度开放专业游说服务也值得认真考察。

游说有利有弊，关键是要上桌面，这也是政府公务行为透明化的重要措施。

两会提案需要辩论

在全国两会代表中，做饲料生意的刘永好在大讲猪肉涨价，招商银行的马蔚华在说金融政策，首富张茵在提案中反对新《劳动法》中的"无固定期限合同"，还有作为人大代表的不同部门的行政首长在解释或释放相关的公共政策信息。与以往比较，人大代表和政协委员的提案透明度大大提升，而且两会代表在会议与媒体上论证自己提案价值与合理性的意识也有所提高。两会的提案委员会也报告说，两会代表提案的办结率也相当高。

两会既是参政议政的平台，也是不同利益集团表达利益与主张的渠道，2011年的全国两会在代表覆盖面，尤其是在工农及农民工代表的考虑方面有一定进步，使得不同利益群体的利益表达机会更平衡一些了。但我们要看到的是，不同利益集团的代表在两会上的提案与发言，其本身不是集中反映其自身利益或所在利益群体的利益要求，就是反映其自身或所在利益群体对相关公共事项的判断与主张，他们必定不会也不可能周全考虑其他相关甚至相反利益群体的主张。由于他们具有两会代表的特殊发言权，结合他们对自身情况了解的深入性，以及对于相关信息的掌握较其他人的不对称性，使得这些代表完全可能论证或发表出听起来很有道理的维护其自身或所在利益集团利益与主张的提案。

这本身无可非议。但是，如果利益集团的表达仅仅表现在两会代表的提案权上，那么就存在一系列的弊端：其一，由于利益表达上的机会或传达特权，使得某些利益集团的提案一旦形成就很快获得了转变为利用公共资源的公共政策的机会，这对另一些利益集团来说是不公平的；其二，某些提案明明只代表少数利益群体，但因为发言权的不平衡，使得其他受损的利益集团没有相应的发声机会，结果这些提案被误导为具有整体代表性的公共要求；其三，某些提案一旦提出，然后由两会提案机构依循内部沟通、督办机制提交，最后转变成为一些利益集团代表向有关方面合法游说与施加其偏颇性影响的工具；其四，众多的提案仅仅体现在提出上，其数量多、涉及面广，使得最后两会提案更多地变成了会议期间的大量作秀或大堆命题作文，而其意义与作用实际上无法被各方面充分理解，更无法转变为高质量的公共政策。

因此，在技术上，目前代表人数众多的两会提案，应该转变为更具实操与聚焦特点的公共政策形成平台。其中一项非常重要的改革就是，关键提案应成为会期中的辩论议题——相关提案的来龙去脉、政策意义、利弊得失应由与其相关的不同利益群体代表以公开征询、辩论、讨论的方式加以展开、细化、剖析，甚至可进一步开放论场外利益群体讨论与公众讨论，这样，这些核心提案信息就能得到进一步分享，提案价值就能得到充分的辩证，支持与反对者的主张也更清晰。因为时间限制，为了支持提案讨论机制，关键提案的选择机制也应改进，可以规范议案的附议者数量作为关键提案的标准，也可以赋予党派与特定社会功能团体以团体的关键提案权。一旦成为关键提案，则可进入提案的专题辩论程序，此程序也可由两会制定专门的辩论规范。经过充分辩论的提案方符合进入可否列入立法或决议案表决的条件。相信两会的专题辩论将成为两会上除政府工作报告与人事安排外，最能吸引代表与公众焦点的事项，也会成为各方面关注与参与的核心点，还会成为两会机制上新的标志性措施。提案辩论不仅可深化提案内容，更可弥补少数利益群体代表的提案的主张偏差，也可吸引公众的关注并吸纳更多的社会意见。辩论是信息分享与民主辅导的重要形式，辩论也是个体意见在公开沟通过程中凝聚而形成公共意见或者所谓民意（public opinion）的必要途径。

当两会代表的提案由提出进而扩大为辩论时，也就是当将这一权利由个体特权形态转化为具有可展开的过程的参与形态时，这种变化就是两会提案技术进步的重要表现，也是促使两会代表个体及群体转变成为更具公共代表性的民意代表的措施。此一方式不仅在全国两会上，也可建议各地地方两会考虑采纳。

呼唤民生政府

春节回乡时看到政府拨款建了一些水泥路、建了一些集中居民点、建了一些新的公共服务设施，这可以说是一些必要的民生建设。随着像社会保障、医疗体制、教育体制、环保事务、社会治安等这样的议题成为公众的主导议题，人们有理由期待两会后的政府政策能够更加以民生为重。其实对于这个方向，在本届政府确定社会经济平衡发展与"以民为本"基本方针的时候，可以说就已经设定了。

对于中国这样一个多层次发展的社会，在经济更快发展的同时，民生问题必然会更为突出，因此到了一定阶段，给民生以更多的投入本身就成为保证经济社会可持续发展的重要条件。也正因为中国社会存在相当多的低端劳动力和低端社会群体，因此中国社会很大一部分发展的本身就是带有民生考虑的。一些人很激烈地质疑劳动密集型的外来投资的经济价值，殊不知如果这些产业真的均规模化地移往他国，则中国大规模的低端劳动力就连这样的就业机会都将失去而成为社会保障期待者，那么政府负担将难以为堪，各类企业的税负与社会保障负担也将难以承受。

作为民生政府，在以下议题方面需要端出更多具体的政策构想：

① 大面积最低限度社会保障的推进方案；

② 市场导向的职业教育体制；

③ 农村社区合作医疗；

④ 农村集中居民区的建设鼓励政策；

⑤ 创业鼓励与中小企业低税方案；

⑥ 非政府组织与公益事业鼓励政策；

⑦ 社区公共空间设施（社区图书馆、文化娱乐设施）建设；

⑧ 经济适用房的土地优先供应保证等。

民生政府意味着社会福利开支的大幅增加，在一定程度上会限制政府在经济设施与投资环境改善方面的投入力度；大规模的财政拨款开支意味着需要更为有力的监控力度，这在政权建设较为薄弱的农村与内地城镇地区，问题会表现得更为突出。在我现在看到的范围内，大规模公共拨款导致的层层扒皮、转移使用、挪占卡拿已是屡见不鲜，由于这些公共开支在一般百姓眼里看来是掉下来的馅饼，被人啃一口，痛感也不强，因此公众反弹与检举的积极性不高，所以我觉得如果不能在运作机制上进行重要变革，那么民生政府也恰可以部分地演变为腐败政府。运作机制上的变革可以包括：

①将公共拨款改为公共基金而由地方、社区、NGO基于项目设计进行申请的申请制；

②将层层占用改为申请主体专用制；

③进行更为深入的公共项目管理训练；

④将系统自批自评改为第三者评价批评的分离制；

⑤加强社区内基于不同利益主体产生的NGO的监督效用；

⑥加强非源自社区的多元化社会工作者的监督与支持效用。

所有这些方面意味着，如果只沿用传统做法，那么以现在的地方政府与基层自治单位的观念、能力、见识和立场，必然会出现更大的廉政问题。事实上，"零点"的多项民调结果表明，公众对地方政府的社会管理能力的信心度极低，因此在这方面如果不进行具有规模的、必要的能力建设与模式更新，而只是牢牢地依靠老的利益保障机制想事做事，则民生政策很有可能被利用成为某些利益集团，尤其是基层权势集团更容易得利的政策。

保增长与保民生两难

经济危机时期的两会说保增长与保民生非常热闹，但实际上这两个方面是有着非常大的内在矛盾的，正如奥巴马既要救金融机构又要为金融机构高管限薪，既要救汽车企业又要满足汽车工会的需要所陷入的类似两难。零点研究咨询机构最新的研究报告也正显示出目前两会议题中虽然很热烈地表达信心，但是在具体的政策举措上却很难避开这类两难。试举几例如下：

两难一：刺激中高收入者消费与支持低收入者生活——目前相对而言，社会舆论与政策重点放在让普通民众甚至弱势社会群体获得更好的保障支持上，而对于鼓励真正有可能消费的中高收入群体的消费则相对着力较弱；可是消费不能启动，保障政策就很难持续，但若不在困难时期多注意民生政策，政府必为民众所诟病。

两难二：强调消费信心与增强投资信心——目前对加强消费者对于国家整体经济信心和收入信心方面着力较多，但实际上消费信心与消费者对于大众投资的信心有着密切关系，目前在推动投资回暖方面的措施尚欠力道。

两难三：保障就业机会与保障劳动者福利——一个高门

槛的《劳动合同法》在前，一个严峻的就业形势在后，现在是保更多的就业机会且相对较低的劳动保障条件，还是坚持劳动保障的高调门槛不降，或者像有些地方实际操作的那样，法律条文依然在那，而将政府的实际保障措施调软。

两难四：完成教育目标与训练职业人才——是维持一个继续与职业市场脱离的计划式教育体系，还是将教育资源配置有效地建立在满足职业需求的基础上，这是教育体制改革过程中绕不过去的问题。实际上我们现在遇到的问题的关键是，教育当局知道自己供应的底数，而基本不了解市场的底数，这样的人才加工模式所导致的库存积压灾难还只是开始。

两难五：没完没了地立法与疲软的执行——立法在缺少法律门槛的经济成本与社会成本算计情况下的关门做法和执行机制中的变形与老套，使得我们像食品卫生与医疗改革这类的工作都越来越多地陷入一个又一个方案之争而不会有真正的效果。"写作班子式"的立法与政策制定模式在这类问题上越来越显示出其无能。

两难六：房市的有底与无底——消费者依然期待房价再降，但是如果持续下降反而又不符合他们的购房动机，因为所有购房者都期待房价能涨，就连自住房者都希望房子升值。大规模保障房建设推出在即，但是大部分符合保障房条件者又担心房价还是超出他们的承受能力，而且他们对于廉租的热情不是很高。

两难七：刺激经济中的大企业与中小企业——保障就业的核心在于中小企业，而刺激经济方案的直接效应更有利于大企业尤其是大型国有企业，人们已经普遍担心在刺激经济增长口号下的新一轮强势的国进民退，而真正直接涉及提供大量就业机会的中小企业还缺乏实质性的普泛的刺激与支持措施。

中国的公共政策已经进入到一个利益集团立场分歧的时代，事实上任何具体的政策主张与选择都很难得到民众一致的高度拥护。了解更多利益群体的需要，提供适当的表达、谈判与辩论机制，以形成相对接受度较高的妥协性政策方案将成为未来主流的政策选择模式。关门写作、系统自定、专业取向、文字游戏式的做法已经很难避开为多数人抱怨的局面了。而我们的两会，在组织成为合适的、系统的利益集团对话与政策选择机制上还需要做进一步的工作。

2 腔调——转型进行时

透明会吓死一帮人

凤凰卫视关注了一下获得财政部招标的若干机构网站建设的预算，有三千多万的，有几百万的，有近百万的，有没写款项的。这一公布立刻引起了不少反响，人肉搜索的结果更是揭发出一些显然有猫腻嫌疑的东西。其实这仅仅是网站建设，要是把电站建设、电信基站建设、公路铁路站建设、公共汽车站建设等等在内的所有站点建设或者非站建设的财政项目公开透明的话，大概我们一下子就又有了更多可以去质疑的项目了。在我们参与的一些地方财政资助的项目成效评估中，各项目的实际成效与预期成效之间的差距也很明显，如果再把所有公共预算资助项目的成效的独立评价结果予以公布，那么就有更多的项目值得去质疑了。如果我们再把过去项目的成效与现在没有机会得到的项目的历史做个公布，看看是不是真的有优胜劣汰的机制，那么就又会有另一堆值得质疑的项目了。

财政预算透明是否是政务公开的关键，不同的地方政府有不同的答复，广东的广州市和河南的焦作市，他们的回答是肯定的，而另外有些地方政府的回答则是否定的。实际上，不管我们说一千道一万，民主机制的关键之一是预算应受到某种公众的控制，如果预算是黑箱，则其他的一系列说法就很难避免有作秀之嫌。在预算控制之中，透明化是起码的操作机制。需要透明的事项主要有以下几项：一是招标机会的透明公开，我们现在的很多公共项目都是在小圈子里玩，这本身一开始就决定了其不公平性，要是财政拿出一百万做招标广告，我可以说那些网站建设的预算能省下一大半；二是招标过程公开，包括谁是评标的，怎么评，用什么指标评，都谁参与应标了，弄个视频直播也花不了多少钱；三是招标结果公开，让大家去验证与质疑；四是项目成效有相对独立的评价机制并把评价结果公开，比如有人回应说网站建设贵是有很多后期维护，那么就进行两三年的跟踪评估好了，看看你是怎么维护的，需要多少成本，因为你拿了公共财政的钱就要受到公评；五是过去项目的评价表现要作为背景资料在今后再参与招标时公开。虽然这些透明措施不能解决所有问题，而且也不是防范腐败的绝招，但是至少最显眼的那些问题就会有明显的减少。

反危机中的行政权力风光无限，公共项目钱财滚滚，而恰在这个时候，对公款乱花的质疑与愤慨隐藏了更多更大的社会不稳定因素，否则财税收入的增加就会直接与腐败的增加连接在一起了。公家的钱越多，就是从老百姓那移挪得越多，那么给老百姓的交代就应该更清晰，对掌握财务资源者的透明化监督就应更严格。

换个做法更亲民

一个政府部门单位有一位员工得了精神病，单位领导就对她老公说，带你老婆回家好好看病吧，待遇不变，什么时候病好了再来上班，当然该老公感恩戴德就按下不表了。同一个时候我读到一个媒体上报道某地警察因公殉职，上级单位领导去送了锦旗，也发了点慰问金，大致说了一番党和人民不会忘记某某同志之类的话。

这个时代的领导人对群众事情的反应我觉得要具备这样几个基本条件：一是要有同理心，要能站在群众的角度去体会与想象，你可以只拍拍背，或者默默地握握手，说出几句体贴的家常话，而别整那些官面上的场面话；二是要能发出自然声，要用自然的语言说出寻常的话语，尤其是要能脱离官方的背景，让人觉得能讲出普通人说的话；三是要能轻车简从，在那么多人围着的情况下连领导人自己都表现得很僵硬，就别说那些没怎么见过世面的普通百姓了；四是要学会一点与各地人民互动的技巧与工具，哪怕是偶尔说句方言或者给普通民众发个问候信，都是现在这个社会中很实用的亲民途径。

今天，很多领导人都应意识到他们不只是业务领导人，他们更是真正的政治领导人，他们需要思考如何尽量贴近社会各群体的政治需要，如何与各社会群体互动，如何与社会矛盾中的群体近距离地沟通。公共沟通与公共动员能力建设的迫切性从来就没有像现在这样突出。在以往的中国社会，中国人基本是生活在与领导人的信息高度不对称的情况下，也甘于把政策大事看成是上面的事情。但是今天，信息的产生、分享与传播机制大大改变了，尤其是年轻一代借助于网络以及他们的低权威主义价值观而在政治沟通上提出了新的需要，这个时候，我们那些老套的政治模式就不那么好使了。西方政治体制中借助于选举机制而迫使政治领导人与草根和基层互动，而我们今天的工作模式却很容易导致官僚体制内的管理者和领导人精英化与仪式化，从而远离了真正动员社会的机能。

模糊官文对百姓不利

阅读过毛选或者邓选的人，一个很强的感觉就是他们所说的话特别通俗，连老百姓都不难看懂。记得毛泽东以前专门批评过党八股，如果按照毛泽东的批评，我们现在看媒体或者一些政府领导人的发言，可以说完全符合毛泽东的批评目标。毛泽东也曾亲自撰写或者修改《人民日报》的社论，这些文章中一个非常重要的特点就是意思比较浅显易懂。毛泽东也常引经据典，但这一点也不影响他把这些经典与他所要表达的意思用更加通俗的方式表述出来。如果与毛泽东时代相比，我们今天的某些领导人和官样文章离老百姓就要远得多。

前一阵我刚批评过医药改革方案让人难懂，事实上让人难懂本来是制度与官文的本质，但问题在于谁负责向老百姓解释，而且这样的解释是否与原来的文字具有同等效力。官文一般是由专门的秘书和"秀才"写出来的，他们一般熟悉官场规则，琢磨主管领导的口味，对于所针对的问题有来自机关选择角度的了解，所以官文本身就是官本位的，也就是说，官文是那些官们所熟悉的地盘里面的文字游戏，而不是老百姓喜闻乐见和容易明白的语言体系。同时，如果将官文改造成老百姓能够明白的话语，虽然有其价值，但却是一件需要投入很多而收益有限的事。这与直接选举政治中的语言规则不同，选举中的公共承诺要求能让一般人明白，而在间接选举体系中掌握的群体语言沟通技术可能并不能派上核心用场，因此只能算是一种边缘技能。此外，当官文模糊的时候，对于掌握解释权者来说，最可能做出对自己有利的解释。在文字游戏规则中，如果法律明确规定模糊的文字应该尽量朝着对有权者不利而对无权者有利的方向选择，那么官文变成常人明白的文字就比较有可能实现了。

实际上，官文的难懂在很大程度上反映出官僚体系离人民的感受更远，同时，官僚文秘更加钟情格式，而不是站在老百姓的角度思考问题，很多时候官僚文秘加圈子专家合作整出来的东西可以说让一般的精英都很头疼，更别说一般民众了。另外，可以这样说，现在的文秘的文字功夫也是越来越差，加上行政主官也不敢轻易脱稿演讲，所以，"低通俗度的秀才+闭门化的专家+小胆子的主官=莫名其妙的官文"。说实话，莫名其妙的官文足以让任何神奇变成或者等于腐朽。现有的公共管理体制虽然开始重视民意价值了，但是当它的表达方式成为难以明白的官文和难以忍受的官会时，一些有意义的政策精髓就在这种文山会海中流失，而在这些难以辨别高低的官样文章中，太多的政治南郭先生就必然会混迹其间。

公家的会风实在要改一改了

最近参加了几个政府部门及有政府色彩的社会组织开的会议，一圈领导讲了一大堆几乎差不多的车轱辘话，套话一说七八点，谁也收不住，谁也没新意，谁也不管台下的人是睡觉还是一脸疲态。本篇感慨正写于在北京开的一个两个多小时的公家会议上本人在三轮瞌睡打完之后。我道行浅，这么多年也没有学会坐在那思想开小差而眼睛还睁着的"鱼眼技术"，所以打瞌睡大家都能看得到。曾经听说过一个领导的笑话，说发现这位领导每次开会听代表发言时都特别勤快精神地做记录，有一次会议上一个服务员忍不住想，这些发言我都听得出是废话，这领导有啥好记的，我得看看都写的啥。她趁倒茶的机会一看，嘿，领导密密麻麻画了一纸的小猪头。

会议是公共沟通的一种方式，是实施有效公共管理的重要工具，是传达信息的重要形式，开会开得好不好意义很大。对于公家会议上的领导讲话我有五个建议：一是要精短，说话越短越好，尤其不要和其他人已讲过的重复；二是尽量用提纲，说口语，不要照念稿子，尤其不要念长稿；三是抓住问题的关键，说点儿具体的事情，不要漫无边际地一个接一个的领导均从伟大的意义说到具体要求；四是尽量避免套话和那种不切实际又没有措施的要求性语言，说了一套"要怎样……"，不如说一小段"怎样做"；五是讲话不要只管埋头念稿，要看看现场大家的表情、状况和互动中反映的情绪。在会议管理方面，官员们实在是要向企业家、投资家、NGO 领导人和媒体老总们去好好学习了。

我们可以把会议看做是一个推销理念的平台与场所，不管上面提了多好的精神与想法，死板的形式、连篇的套话、冗长的念稿、一厢情愿的号召都足以"化神奇为腐朽"。我们现在注意到了高层经常提出一些新颖的且有针对性的新口号、新方针、新理念，可惜我们下面大量部门所使用的动员与传播方式一如那些公家会议一样陈旧、刻板、枯燥、无聊。现如今的社会，大家都在为生意和职业的竞争奔忙不迭，每每参加这种官会，真让人感觉在这里时间和价值的概念与社会发展的差距好大。社会开放了三十多年，经济改革了三十多年，而我们公家开会的方式似乎定格在旧的时刻上，没有多大的进步与改良。

我们原有的公共管理工作模式是很讲等级、派头、座次、口径和官样文章的，合乎样式与规矩，远远比合乎观众的理解与倾听模式重要，太多的官员如从市长到下面的乡镇长都爱守那种刻板的官僚行为模式。一个乡镇长与其他人的自然对话模式，与他向领导汇报时的样式相比，其生动性绝对差距很大；同样，领导在私下沟通时的表述能力也比正式会议场合生动很多。我在想，我们的政策内涵正在不断追求"以人为本"，但是如果公共沟通与社会动员的形式是不够"以人为本"的，那么这些政策的执行效果也一定会大打折扣或者流于空想。

请专家、领导正常说话

参加的会真的是太多了。在地方召开的会上，我与中国发展基金会秘书长罗迈先生听着各位机关领导们的发言，悄悄地讨论，"什么时候领导人才能懂得说话说到点子上，少说废话，哪怕只说两句风趣话"。我曾和我们集团的 CIO 冯晞博士听着一堆著名专家面无表情的发言，没有开场白，没有结尾语，过程呆板，毫无生气的发言，我们又讨论，"这些著名专家也许真的很有功夫，但是大家怎么也无法集中精力听啊"。前一阵看到著名外交家、外交学院院长吴建民先生在一本著名的政论杂志上感慨，批评我们中国的政府部门领导人套话连篇、不通对方心理，不能设身处地考虑别人的信息需要和听话习惯，且经常采用莫名其妙的话语方式。看来有同感的不只是小小圈子，因为龙永图先生曾对中国市长的沟通方式有非常相近的批评。

在大会、小会上的专家、领导讲话中，以下几种问题非常突出：做格式化简介而不是就主题问题提供见解，讲大而化之的问题而不是有针对性的具体问题，讲套话而不是用讲者自己的话语，使用行政术语而不是听众习惯的语言，照念稿件而不是对着观众放松地讲述，从来动口不动手而不是手势丰富，使用背诵腔与旁白腔而不是通常人说话的腔调。而在大部分的专家与领导的讲话里，我们很少听到风趣的笑话、智慧的提示、耐人寻味的发问、隽永的警句与独特的洞察、机智的回应、生动的眼神与表情。在那里，说话的专家与领导好像被装在一个特别的灰色的套子里，没有自我，没有生命，没有真情实感。

很多时候我们说话也就是一个小小的技巧。如果你被邀请做一个 3~5 分钟的开幕致辞，其实你根本没必要大张旗鼓地讲话，也没必要四平八稳地读稿，因为那点时间本来就只够你讲个相关的笑话，做一个有点深度的比喻，或者来一点独特的东拉西扯；如果你被邀请做一个 15 分钟的发言，记住也不要摆出架势滔滔不绝，因为其实那一般正好够你在一个有点意思的开场白之后发表一个新颖的观点，并提示一些你的论据；如果你的演讲时间是半小时或者 45 分钟，那么这时你的确可以拿出 10~12 张 PPT 演绎一番；如果演讲是一小时，那么我们也许需要更加系统的演讲提纲、PPT、现场发放的演讲材料或者更多的支持论据。但是任何时候我们都要记住，我们应该尽量对着人的面部而不是头顶说话，应该用口语而不要用嘴巴念着书面语，最好站着而不是坐着讲话，应该用自己正常说话的语调和语速而不是背诵与旁白式的说话。最后，说普通人的话，而不要说官话！

商业中采用的是一种特殊的公共语言方式，说明书不明白会被人追究责任，培训不明白会导致生产质量不能保证，如果广告语模糊有语病则可能付出多倍的代价。可是我们专家与官员的语言为什么会与商业语言差距那么大呢？实际上这恰恰是因为，他们还在很大程度上没有形成真正的为自己的主张负责的机制，也没有真正形成明确的传递诉求的公共习惯。一句话，公共性在他们的语言符号上直接反映得太少。

当官不宜读博士

学无止境是好事。不论你是升斗小民还是高官巨富，学习都是好事。但当了官尤其是当了高官再去读学位却并不是好事。我们设想一下，中国的科举制度如果不是中了举才当官，而改成是当了官再去中举，那么这举人和进士制度就大有问题了。就如我们看"举人"与"进士"二词一样，一则"为人举"，一则"使士进"，其目的在于让散逸于民间的人才精英得以循一定的方式被发现竞争出来，在这个过程中，一些统一的硬性的测试方式被开发出来，以确保大家都在公平有效的测量工具下得以被选，而那个时候绝没有将军因功而授武举，文官因位而赐功名之说；但是在整个选考过程中，最容易作弊或苟且的恰恰是权贵之亲。权威在学位选考中的腐蚀作用远大于正面作用。

因此为官者去搏学位，其最大弊端恰在于有以权势去交易学位名利的嫌疑，以一长之尊既有调动秘书助理抄文袭字之利，又有导师趋炎附势之嫌，更有学位答辩时顺水推舟之可能。此风如存，即使那读学位的为官者真正干净得一丝不挂，也很难让人不生一点怀疑。

与欧美日韩的学位相比，中国的博士学位还是比较好读的，但即使这样相对好读的学位，如果以必修课、课时、学位、论文发表、外语分数、严格的论文独立写作相要求，我可以说大半攻读博士学位的官员如果没有人放水是绝对过不去的。而他们之所以能过去、能得学位，往往是以学风、学位管理中的歪风日盛和宽容他们为代价的。

当个好官大半与是否有个博士学位没啥关系，尤其是中国的博士学位。博士学位就其本质而言名为博实为窄，其功用多半用在学术研究与教学上。对当官者来说，对他们的主要要求在于能用人、见识宽、善协调，他们可使用博士作为某一专一行政之才，但却不宜使自己真正成为一个钻牛角尖的博士。这也是现代公共管理体制中，行政主管鲜少博士的原因。而我们现在一些地方，盛行博士当官或官当博士，多半不是因为对公共管理的理解偏差，就是趋一种虚荣的人才偏风，钻进了对公共管理无知的牛角，其结果又在官员队伍中滋长了"滥弄学位"的似是而非的时髦。

博士不当官，当官不读博士，这不是退步而是健康进步的现象，这对社会风气有帮助，对社会治理有帮助，对促进踏实的学风有帮助。如果你遇到一个印有博士头衔的官员，大家不妨多看他几眼，至少可以有一眼是质疑的。

无谓消耗公共资源，造楼等于造孽

读了李韶鉴先生的《可持续发展与多元社会和谐：新加坡经验》一书，看到一些新加坡政府部门和新加坡执政党——人民行动党居然在很简单的地方办公，甚至租房办公，很是感慨。因为每次我到国内各地出差，总是被各地越来越富丽堂皇的党政部门的新楼、高楼塞满视野，风气所及，一个小小的部门也建个大大的楼，有的机关，居然其内部的每个部门都建一个楼或者在几处建楼。这些楼不只大量占用最好的土地和预算，而且产生大量消耗。最近国务院机关事务局副局长寻寰中在他的公开文章中披露，全国党政机关能源消费占全国终端能源消费总量的7%左右，接近全国农村人口的生活用电水平。

我一直在想，大量造楼的真正动力在哪？我觉得，首先，是在建设过程中可以产生大量基建承包腐败，如果认真检查一些党政部门建造的办公或者业务大楼，可能发现腐败问题并不难。从以往历年揭露的贪官来看，除了道路交通方面出现腐败问题外，楼堂馆所建设是很集中的另一个方面，只要拿下项目建设，弄钱的事就比较容易了。其次，是政绩驱动，为官一任，其他成绩不容易留，造个楼就是自己的功绩碑，当然客观上有时候造楼可以拉动某个板块的建设，但是，这同时也是很多城市政府在新区建设时以党政建设先行而采取的一种策略。最后，造了楼之后就有了空间，很多相关事业或者挂靠业务也就有了物理与交易的空间。

所以，我看许多党政部门的造大楼是百害一利，而最突出的问题就是，不管我们讲的公共管理体制如何改革，从新大楼的源源不断就可以知道机关掌握与利用核心资源的体制是根本，而不是所谓的权为民所用；就知道所谓的职能调整与人事调整是不断强化行政职能，而不是弱化政府干预，加大民间资源的空间；就知道某些基层党政机关是个特殊的利益群体，它在与民争利，而不是真正的以民为本；是现在能源消耗的问题所在之一，而忝为节能减排的管理者；是利己发展模式，而不是嘴巴上老说的科学发展观。有一点是很清楚的，党政部门的楼堂馆所造得越好，它与民众的心理距离就越大；而因为这几年楼造得越来越好，因此就与老百姓的心理距离越来越大。"零点"所做的历年政府威望调查，上高下低，有很多解释，其中一个解释是说基层政府做事情多得罪人，而且资源少不能调转。但是看看基层盖的楼之多，甚至有些贫困地区的党政大楼比发达地区的还豪华。因此，从中不难知道，问题不是简单解释得了的。我倒还不能简单地把造新楼者与贪官画等号，但是说造新楼的地方容易出人民昏官（对大家的事情想得不多的官）、个人清官（对自己的利益在哪都很清楚的官）应该不算离谱。

行政办公中心都可拍

成都拍卖新的办公中心，引起了争议，也得到了好评。我想其中有不少不得已的原因，可能外有震灾因素，内有豪华行政中心影响到了地方领导人的官运的因素。但我想这至少不是件坏事，而是在种种原因下所做的一件正确的事。但如果就此而已则未免太简单了，因为成都绝不是个案，在富如苏州贫如阜阳的地方，豪华、庞大的行政中心遍地都是。这样的行政中心既占着最好的土地，又表现出"最高档次的建筑"，洋洋洒洒地把自己傲然独立于万民之中，这样的中心无疑是在用与民争利和以官为本的符号姿态，嘲弄着那些党政官员口中喋喋不休的"以民为本"及"和谐社会"的美妙口号。

其实，行政服务除了其基层机构需要贴近社区与服务对象外，省、市甚至区一级的综合服务部门，办公地点偏一点、办公条件简洁体面一些完全就可以了，而实在让人想不出任何理由非要占据好地块、建好房子，尤其还要建那么富丽堂皇、遭人眼气的建筑。在一个地方，民居、商居应该建得好些，公务建筑过得去就可以了。如果要我做一个推荐，我会推荐在建筑上的"民棒商棒政平"，而没有必要把政务建筑建得比商居和民居还要豪华许多。我相信这是对老百姓的让利，对政府的形象有利，也对为首长者的仕途好。

行政部门搞精简搞调整，动静再大，办公楼不见少只见多，不见简只见豪，不见偏只见挤进繁华区。老百姓看政府的形象时，你的决心、你的规划、你的规定、你做的好事、你想的战略，老百姓是看不到的，老百姓看到的全是脸面：你对老百姓说话的方式，有具体的大事发生时的反应方式，你在涉及家人亲友利益的事情上所做的处理，你所用的车，你所建的大楼，这些构成了老百姓心目中"可感知的政府形象"。成都政府在情势所迫之下拍了新行政办公中心，我倒希望看到更多的地方党政部门在没有灾难、没有霉运的时候，能把他们或新或旧的行政办公中心拍卖出去。从此，党政部门做事高调一点，待遇低调一点，有何不好呢？在现在经济景气受到挑战的情况下，藏富于民，让民众更有脸面与实惠，自己虽不必灰头土脸，有点干净整齐的建筑就可以了，这才是当政者应有之为与应有之相。腐败是个人人品之亏，但奢华是组织人格之弊。因此，成都行政中心的拍卖我希望是中国各地豪华行政办公中心全线拍卖之第一拍！

建设讨老百姓喜欢的政府

一个地方的治理，永远不是治理就没有问题。治理很有意思，其一个特点就是通过治理可能产生更多的问题。当你实施一个比较先进的治理，尤其是让人民参与的治理，更加透明的治理时，那么它的特点就是过去很多没有暴露的问题会暴露出来，过去人们不当问题的问题会变成问题。但是这些问题的类型跟过去的会不一样，这是治理的很重要的表现。在一个落后的地方，甚至十年间发生的事情都是一样的，而且这些问题没有人认真去解决它；而在一个先进的地方，就会不断发现很多新问题，而且这些问题越来越具有挑战性，越来越尖锐，且跟以前的问题很不一样，甚至你发现你原来那些知识都不够用了，需要再学习，需要创新。

我首先要说的是，一个开明的政务环境，其很重要的一个变化是党政机关干部讲的话和做的事情，要让人民群众能看得明白、听得懂。我们的政府还是太大了，我们党政部门的编制超过六七十个。老百姓看我们政府，说实话他们不太看得明白，因为我们太大、太多了。如果说一个政府部门相当于一本教科书的话，那么一个真的了解我们党政部门的老百姓，他相当于看了多少本教科书呢？七十本！相当于什么水平呢？硕士毕业。大家想想看，就算政务真的公开，又怎么能让一般老百姓都能明白？而且在老百姓的感受中，我们每一个科室干部的脸就是政府的脸，他可分不清哪个部门。公安部门干得不好的事，他就认为是政府干得不好，因为他把我们政府看成是一个整体，一缸水里舀出来的一瓢就代表那一缸水。另外，老百姓把党政看成是一伙的，站在这个角度来说，每个科员、每个科长、每一个科室就代表了政府的这张脸。

第二个要说的，就是老百姓对我们政府的评价，包括对干部的评价，这跟期望有关，而不是简单的你干得好还是不好，它跟对你的整个的期待有关。比方说，你这个部门实际表现是 80 分，但是你跟老百姓说你可以做到 98 分，可实际上你只做到 80 分，最后老百姓给你的评价是 75 分。当我们面对一个管理对象时，我们的态度就能决定人们对我们的评价。在科室里面，干部最可能有的两种态度是：第一种，公事公办——公事公办的态度站在我们的角度来说，就是遵循自己的工作规矩，但站在老百姓的角度来说就是冷漠，也就是说在你的眼里，不管他是刘大爷还是王大娘，或者张先生，这些对你来说没有什么两样；第二种，在面子上你可能会比较傲慢，或者说你嘴巴上说得很好，但是实际上办不到，这时就会提高他的期望而降低了他对你的评价。比如，在我们做全市的评价时，A 区有个很不服气的地方，说为什么我们的得分跟 B 区差不多？难道我们的水平比 B 区还低吗？其中的问题在于，A区管理对象的要求比B区管理对象的要求高，如果你的管理只是跟B区的干部一个水平的话，那么你的管理对象对你的评价就会低。

从今年的政务环境评估中我们可以看到，得到认可的服务包括：第一个就是做法、手段和流程比较规范化；第二个是针对企业的服务，尤其是一些外资和大型企业的服务上面，出现了个性化服务的做法；第三个是对有钱人的服务还具有相当主动性。服务中也有一些不足：其中最突出的是不同的人对政策法规的解释不一样，显示出缺少足够而有效的标准化培训；其次是我们的投诉不方便；第三个是沟通的被动性；第四个是服务迎进来还可以，送出去的服务不够；第五个是当面办事好点，但看不见的电话沟通差点。

针对这些不足方面，需要有改进的考虑，发展精细化行政。就像现在我去补办一个驾照，8分钟就什么都搞定了，比起过去一个月的时间，觉得效率真的是太高了。但是你不要以为我8分钟补完之后，我就对它完全满意了，不是！比如中间那个验光环节，他说我还是要验一下，我就把单子给他了，可他签了一个字没验就交给我走了。当时我就在想，既然不验那干嘛要有这个环节呢？所以这个对我来说，因为已经做得很好了，所以我的关注点又转移到细节上去了。

在整个人民的生活水平和生活方式逐步提升的时候，我们作为办事人员，也对我们的素质结构和能力结构提出了挑战。第一个是新知识。比如我们做同样的事情，帮人解决问题，如果还用原来那套能力和原来那套知识就不好用。大家受的训练中有两种重要的知识，第一种政治知识，从"三个代表"到"科学发展观"；还有很大一部分是你的专业业务知识，像税务或审计知识等。但是什么样的知识能够帮助你理解对象的需要呢？比如说大众社会学，比如说流行心理学，比如说大众文化学，这些知识能够帮助你明白为何政务服务信息要易懂、要明确、要一致。第二个是不断反思。比如昨天我那个活那么干了，那么干了好在什么地方，不好在什么地方，经验是什么？所以在这些地方我建议大家要培养一种反思的习惯，使自己成为自我激励、自我反思与自我批评的"三自人才"。第三个是要接触一些其他理念的知识。比如你是工商的干部，不要整天光学工商管理的知识；教育部门面对的是年轻人，或者是年轻人的家长，年轻人的思想很丰富，每天看很多杂七杂八的东西，你就不要简单地认为年轻人整天玩游戏是不好的，要我说你都没玩过游戏，怎么知道游戏不好呀？最后一个是要改善我们的沟通技能。我们跟一个陌生人沟通的能力，我们做公众演讲的能力，我们和领导之间做探讨说话的能力，这些都需要有能说到点子上的能力，要有讲到大家都不想睡觉的能力。

3 呼声——公众与民意

公众评价应该公共化

现在，中国各级政府对服务公众反应的重视度有了很大提升，利用网络、传统媒体、政府统计部门和第三者评价方来了解公众对政府表现满意度的积极性也有了很大提高。目前还有更多的评价工作正在推进，有学术机构的，有独立第三方专业研究机构的，还有政府自身研究机构的。从目前来看，政府重视公众反馈的工作机制基本上有五种：一是例行公事式地让政府内部的统计机构做一些例行的评估；二是在原来政府内部评估工作的基础上，邀请外部机构或者专家提出更多的意见与操作方式；三是在一些重大公共化事件冲击形成的民意压力下寻求外部机构主持的公众评估；四是为了形成体现政绩模式的驱动机制，以第三方介入为创新模式而进行的公众评价；五是把公众评价形成持续性的评估机制，并以一定比重纳入行政综合考评体系内，这一类在上海、北京等中心城市比较突出，而中共中央组织部也已经把全国大约 8 万条主要党政的民意测评纳入了工作日程。

但所有这类结果都有一个基本的特点，就是目前来自政府发起与支持的公众测评主要在内部使用，是一种内部的管理工具，而很少公开化。在我见识到的范围内，北京顺义区曾经尝试公开公众评价结果，让做得好的部门领导与做得不好的部门领导上电视说明自己做得好与不好的原因，并对未来自己的工作努力方向做出承诺。把公众评价纳入政府内部管理系统当然是一个非常大的进步，这对促使党政部门关注公众感受有很大帮助；但是这其中依然保留了内部运作的很大空间，而且，政府委托的工作也会很容易纳入到保密的范畴，公众意见一旦成为内部保密信息，就很可能变成被行政机制操纵的玩具。因此，如果能够增加公开性并让相关部门做出更多承诺，那么公共管理的服务性才会有更大的改善，改进的压力也才会加大。

站在专业调查机构的角度上说，我们努力持续地做更多独立的公共服务评价，保留独立的发布权。但是在某种情况下，媒体依然会保留对于公共政策类型信息的敏感，因此发布的渠道非常有限，目前包括新浪网、搜狐网、《南方周末》、《新京报》、《时代周刊》、凤凰网、FT中文网都属于对这类公众评估类信息的发布比较积极且比较有力度的媒体，地方媒体在本地政府的评价处于比较好的位置时会积极登载，虽然这限制了信息的全面性，但是也逐步开创了这类信息的发布空间。随着公众政治的进展，我们期待这类公众反馈信息的公开化会有更多的机会与保障机制，否则这就是对《政务信息公开化条例》的一个莫大的嘲讽。

大官评小官

中国公共管理发展的一个重要方面是管理者对于民意的重视度有一定的提升，其中一个重要的发展是更多地采用听取民众对公共服务的意见来作为考评干部与改善公共服务的依据。即使以我们"零点"有限的实践而言，在过去的 5 年中，我们"零点"为超过 10 个以上的中央部委与超过 50 个的市政府提供了涉及面非常广泛的公众考评政府的工作，也连续 5 年发布了《中国公共服务评价指数报告》，连续 5 年召开了中国政府公共服务的公众评价的国际研讨会。从某种程度上说，用公众反应的结果来衡量政府部门的表现的做法开始成为一定范围内被接受的理念，也被某些党政领导者个人所接受。纵然这样，现在的群众利益分化仍很明显，虽然掌握了一定的民意倾向，但是公共政策的选择还是非常不统一，横竖怎么做，不是左边有人骂就是右边有人骂，要想把一件事做到总体上大家都欢迎，则现在的很多公共管理部门和领导人从利益分配、决策模式到执行技能上的做法都还真是不行呢。

在我们所从事的公众考评中，最典型的是系统上级部门考察下级部门；市政府考察政府所属的各部委办局；党务部门考察政府部门。用通俗的话说就是体现了大官评小官的特点，这种考评方式改善了过去单一的上级主管考察下级的做法，而增加了从民众反应的角度，是一个很大的进步。很多专家与国际观察家也充分肯定了这类考察的价值，有人甚至将其提升到从中国式民主的一个有意思的组成部分的角度去看待。中共中央组织部委托统计局针对全国 8 万名主要党政领导干部进行民意支持度评价，虽然没有公开结果，但据说也对这些党政领导干部造成了不小的压力。但美中不足的是：公共考评主要是作为大官考察小官的一种方式，而大官本身的考察需要依赖于更大的官是否想考察他们；也正因为是官官考察的内容，所以考察结果很少作为公开的结果亮相，而主要作为内部参考资料使用。可是很多时候，小官们就说了，我们这样子还不是因为你们上面的啥啥原因吗？举例来说，说到领导公共沟通能力问题，很多下面的领导就说，我们上面的书记、市长也全是这个样子啊，如果光把我自己改得生龙活虎的，我们领导该不高兴了。可见，仅对下面一层的干部引入公众考评，而上面一层的领导可以自外于公众反应，那么就会导致标准双重化，实际的考评说服力与革新推动力都会大打折扣。期待着更高层的领导敢于接受民意检验，并更关注民意动向。

农民代表最怕被代表

《选举法》修改了，农村居民得到与城市居民同额的代表权。这是件好事，但是如何落实这个代表权，也就是说谁可被选为农民代表则是个大问题，因为农村居民的见识面有限，组织化程度低，认识的人就那么几个，根本不知道谁真正是为他们办事情的。当然，在村庄选举中已经有了村委会的干部，但是说到其他能代表他们的人，他们还真的不是非常清楚，就连村庄选举，可以选择的人也不是很多。

我觉得要让农民有好的代表，需要做好以下几件事：一是发展农村社区和农村发展公益基金，资助与鼓励在农村的社区服务与社会工作，让更多农村居民中的公益积极分子有机会在社会服务中为民众认识，成为新的公共人物，让更多农村外但有志于服务农村群众的志愿者或者社会人士找到在农村社区的服务基地，成为为民众熟悉的公众人物，这样才有了进行初步选择的机会；二是提名机制要充分考虑在农村基层服务的经验与民望，除了内部领导决策机制外，还应该有适当的以选区民调作为选择人选的基础，而不是简单地让民众在不认识的名单上乱勾，否则就成了真正的走过场；三是应要求代表候选人多接触选民，了解选民需要，在此基础

重民时代——袁岳社会管理新思路

上彼此熟悉，并提出体现选民需要的公共政策提案，如果有多个候选人，则应考虑在选区内安排适当的政策辩论会与选举主张说明会，以提高候选人为选民服务的意识；四是选举应该在严格的公正、公平的程序下进行，加强反贿选的力度。

现在的确有一些公共知识分子愿意为民请命，也有人对弱势社会群体悲天悯人，所以在每年的人大代表会议上也不乏其他界别的代表提出涉及"三农"问题的提案。但是，站在自己的立场上悲悯农村居民，与农村居民自己提出自己的要求是两回事，因为你不在其中，你不能经常从农民生活生产的角度想事情，你不能真正感同身受，你不是紧紧把自己与农民的利益与诉求绑在一起，那么你就只可能业余地、高姿态地、随便地、难以深入地关心一下农民问题，从而难以周全，也很难洞察，更难以为农民的利益奋不顾身地去争取，因为你既没有农民式的脑子，又没有真正是由农民决定的你屁股下面的代表位置，那么你就很难做出打农民兄弟心里出来的举动与主张。农民从来不傻，也很实在，他们不会因为分配给了几个农村的代表名额就真的觉得上面有人了；而是必须得到下面有联结的代表机制，他们才会真正觉得这个体制他们是可以参与进去的。那些走过场的间接选举游戏，无人参与的提名机制，茫然不识的投票活动，不应该是社会主义民主的应有之义。

中国民意六十年

建国六十年的时候回顾一下"民意"在国家体制内外的作用角色还是很有意义的。其实，无论是中华人民共和国还是"中华民国"，就国名而论，都含有非常强的在政治体制中突出民意的意味。中华人民共和国的建立在很大程度上代表的是"中华民国"在民意上的失势，而中华人民共和国是众望所归。

对民意或者公共意见（public opinion）的定义素有争论，但是我们依然可以大致地将其表述为普通民众基于自身利益而形成的需要与感受。民意中既可能有比较深层的价值观和理性意识层面，也可能有比较浅层的动态信息反应与情绪层面，也正因为如此，有些人视民意为宝贝，有些人视民意如流水。但需要指出的是，公众意思与被感知与应用的公众意思是两个不同的概念，前者是客观的民意内容，后者是被人们感知的民意内容，而民意能不能被感知，则与民意表达渠道的可用性与丰富性有着密切的关系。根据民意表达与传达模式的区别，我将政治体制中的民意大致划分为三个类型：经验性民意——政治精英在个人与群体的切实经验中体会与把握民意，从而在其政治主张中把民意洞察很好地表述为特

重民时代——袁岳社会管理新思路

定政治力量的立场与政策；拟制性民意——政治精英假定自己能够很好地甚至先定地代表了民众的根本利益与需要，从而将自己的主张与民众的需要等同，并利用政治资源操纵民众意志，强化自己的主张与民众的需要一体化的逻辑；验证性民意——政治精英意识到民意是需要发现与寻找的，而民众的需要与意愿也是需要表达的，但是政策与政治方针的实际落实成效可能与以前生成的民意存在着落差，因此需要继续评估公众的获益感受。

　　若以上述特征来划分，笔者个人认为，从1949年到"反右"前夕属于经验性民意时期。在该时期，新中国领导人的政治主张和路线经由他们的洞察与个人切身的体验在主流方面吻合普通民众的期望，我们特别不要忽略了以毛泽东为代表的领导人在深入民众、调查研究、与群众打成一片方面的实践，以及他们能够经验地体会民众需要，从而建立强有力的民意洞察方面的价值。从"反右"开始一直到"文化大革命"结束，虽然中国社会的很多政治运动是以群众运动之名进行的，但实际上那个时期中国社会的一般民众意愿，尤其是与当时的政治气氛与政策主张不一致的民众意见并无表达渠道，民意气氛被塑造成为与最高政治领导人指示一体化的形式，故该时期是为拟制性民意时期。改革开放前二十年则可以看成是新的经验性民意与拟制性民意交错的时期。在这一时期，一方面，中国的基本政治路线开始依靠政治精英经验性的民意感受而回归满足民众的基本发展需要上来；而在另一方面，在公共管理机制的基本运行中则依然保留着很强的拟制性民意的惯性，当时我作为一个公务人员，在日常工作文件的起草与阅览中注意到，一些党政机关都已经习惯了在文件中写上"广大人民群众一致称赞"、"得到了绝大多数群众的支持"之类的话，而大家在这样做的时候，甚至都不会感到有什么不合适或者不舒服。

而最近的大约十年则可以看成是验证性民意逐渐发育的时代，其具体表现为：一是民意表达渠道的多样化，像媒体专栏、社会团体与非政府组织的发育、网络意见、听证、民意调查均属于这方面的渠道资源；二是公共管理体制开始有意识地将民意反应纳入政策制定与公共行为评价流程，这在执政党的干部政绩考评机制、电子政务中的投诉处理、某些政策与改革方案确定的事前民意征询方面均有明显的进步，现在包括在两会与党代会之前，都有相当多的民意调查试图探知公众期待的施政议程，以用于影响最高决策；三是独立民意研究渠道的发育，包括"零点"在内的来自民间与大学的民意调查机构获得了存在空间，并与媒体之间形成了较好的合作，党政部门对于借助于第三者独立民意调查机构发现民意真相的积极性明显上升，这些都使得民意的表达与分析有了专业支持；四是在基层自治组织、基层人大代表和党内开始尝试性地使用直接选举模式，探索使民意表达有一个常规而稳定的体制化渠道。

作为一个专业的民意调查工作者，当我 1988 年开始在政府机关工作时，能够体会到高层领导对于民众需求大方向的把握与机关本位层面的民意拟制并存的状况。在 20 年前刚刚创立"零点"时，我能从一般民众与管理精英身上感受到对于民意价值的深深怀疑。可以说，中国民意调查行业真正发展空间的获得，是与整个国家进入了验证性民意时期有着密切的关系，因为在这个时期，人们不再会把了解民意和社会真实状况看成是对政权的威胁或是一种捣乱行为，而能更多地鼓励去探索深度的民众需求，并以此为基础开发有相当创新性的公共服务机制。我能感到在目前这个阶段，中国的公共管理开始进入到平衡领导意愿与民众意愿的新阶段。目前，我正在领导着一年一度的"中国公众评价政府服务"的专项研究，我们能够感受到这种基于民意需要的细微的公共服务的进步，也能感受到公共部门对于类似我们这样的服务不断上升的兴趣。

民意决定中国文化标志

我写的《熊猫与龙的标志选择》的博文引起很多朋友的关注，而且从争议中也听到了很多身为中国人的我们的心态与对历史观的见解，这无疑是很有意义的。中国当代社会有了重大的经济发展，中国社会也具有了更加丰富生动的价值。文化标志是一个社会本身核心价值的彰显符号或代表。在一个更加开放、自由的社会中，社会的文化标志可以来自传统的传承，或者也可以尝试探讨新的价值符号。是不是有其他可能的标志来代表中国人追求和平、和谐的价值呢？考虑使用熊猫标志恰恰是我在这样的思考下提出来的一个看法。我觉得类似这样的问题可以拿出来讨论，也可以有争议，因为探讨本身就是中国当代社会与文化进步的一个表现。

文化的价值在于思想，而不是稀里糊涂地贴标签。在这次争论中，我看到很多学者和朋友对于龙文化的思考与论证非常丰富，也有不同角度的思辨，说明我们很多人对于龙文化的感情与坚持不是简单地跟随，我觉得这是很有文化的表现，同时也很钦佩；在争论中我还学习到很多新的历史知识与对传统文化的新见识。我相信，在更多知识与信息基础上的理性坚持，比简单地因为习惯而去坚持要更好。思考与讨论不见得是自卑的反应，跟随习惯也不简单等同于代表自信，有生命力的民族文化是在沟通中得到巩固、发展与进化的。

我还是坚持文化标志可能会被讨论，但讨论是一回事，选择是另一回事，民族的文化标志当然需要满足我们多数人的意愿。新浪网上的调查结果表明，大多数网民都喜欢以龙作为当代中国的文化标志，我觉得这很好。我们假定网民意见代表了大多数一般国人的意见，那么这就是民意的价值。我的熊猫论其实并不是那么重要，在主流民意面前，谁的意见都不是那么重要，如果绝大多数人喜欢把龙与我们当今民族的形象与价值连在一起，那么我们自然还是会坚持龙的标志性价值。

龙作为一种虚拟的动物，在文化上是中国历史上许多崇拜不同动物图腾部落的融汇符号，在那个时代，龙是一种特殊的文化整合，也是一种特别的文化创新。从这个意义上说，龙文化本身就非常富有包容精神，因此，龙文化也就具有了代表和谐与和平的功能。而当代的中国人有着更多不同的认识角度与看法，真正的龙文化应该具有包容的精神，否则就必然有人觉得是不是还有其他的选择。

我们选择任何一种文化符号时都要看我们想突出其哪一面，任何一种动物都可做负面或正面的联想。看了《功夫熊猫》之后你会觉得熊猫原来还那么可爱机智；但看了一些龙王的形象，你可能觉得龙的形象有的时候也不是那么好。其实龙也好，熊猫也好，当我们选择它作为文化符号时，我们需要积极努力地塑造与表现其代表积极价值观的成分与风格，而不是简单地顺其自然。所以今天的社会在捍卫龙文化与积极塑造更为积极的龙文化之间还有距离；而我们任何一个生活在这个文化符号下的人，每天所做的事情、所表现出来的行为与做派也反过来可能会光大也可能会抹黑这一文化符号的形象与地位。

有关中国文化标志的讨论暂告一段落，希望今后可以有更多的重要事务甚至核心选择，能够像今天这样来诉诸民意和得到公共讨论。

民考官越来越流行了

第四届中国公共服务评价国际研讨会在广州召开，本次会议由零点研究咨询集团与华南理工大学政治与公共管理学院合作举办。鸟瞰我们的这一会议，提交给会议的有价值的案例越来越多，所研究的政府服务评价技术的议题越来越细，与会的有公众评价实践的政府部门代表越来越多，有兴趣介入的高等院校和媒体越来越多，有兴趣学习的 MPA 和其他专业大学生也越来越多，这说明，中国公共服务评价国际研讨会正在成为践学研的交流与交际平台。

公共管理领域的行动评价标准从传统意义上可分为政治或者称领导评价，专业行政或者专业技术评价，以及公众评价。其中公众评价是老百姓用外行但切身相关的目光去看待直接作用于自己的公共行动。老百姓的感受在过去的意识形态里会被领导人尊崇到很高的地步，但是在实际操作的层面上却又被基本忽略，所以需要拓展某些具体的渠道与形式，以便让老百姓参与到公共决策流程中间去，而包括网络反馈、民意测验、社区实验、民众座谈会等都是一些被运用来作为拓展的渠道。但要想让老百姓乐于利用这些渠道，就需要解决以下一些问题：其一，对于公共服务老百姓是可以提意见的，他们不会因为提了意见而受到惩罚；其二，老百姓希望他们的意见会被公开而不只是被当做内部参考资料，这样他们才会从其他人的意见中得到启发与信心强化；其三，能有更多来自领导人与民众的直接沟通形式，以便让大家意识到他们的意见会受到决策者的重视；其四，开发出更多、更丰富多样的沟通形式，以便让不同群体的民众可以找到自己喜爱和乐于参与的沟通渠道。

在这次研讨会上，有代表认为这类只是技术层面的民意表达渠道其实不具有实质性的拓展价值，而只有实施了实质性的制度变革才能使民意有真正的表达空间。也有代表认为，只有具体的民众参与经验的积累才能增加民众与各类参与者的信心，也才能在实际工作中培养与锻炼出更多这方面的专业人才与民众积极分子，就像很多新的方法与工具一样，人们对于接受新东西会有恐惧与迟疑，因此需要一些经常甚至细碎的实践，直至人们对于接受这样的民考官的工作感到自然和放松。

我个人觉得，今天的中国政府部门已经能够以特殊预算、一般印象评价和内部参考的形式来使用民考官的模式了。因此我们下一步的努力方向是：有常规与稳定的预算支持，越来越针对具体的政策与公共项目（比如保经济增长的政府救市行动涉及的项目成效）进行评价，把评价结果向公众公开，接受公众的进一步压力。

如何与新一代对话

难用几句简单的话来描述对年轻一代——80 后或 90 后的公共动员模式，但是今天我们已经积累了足够的观察来试图描述某些对于他们的有效的动员模式，这些模式也应该为所有试图争取青年资源的组织——公司、社会团体、教育或者社会服务组织所重视。有一个值得注意的因素是：这些模式得以有效的核心是基于青年人的需要。洞察这些需要的变化规律，并以富有创意的方式设立让年轻人信赖的表达、使用、团结与合作的机制。

今天青年人的社会心理需要有怎样的特色呢？我想：其一具有充分的自我权威性，即他们对于自己的判断能力具有如此的自信，以致于他们很难接受别人对他们的先入为主的教训，当然这一方面是因为这代青年人在信息获得的广泛性与多元化方面显然已经超过他们先代的平均水平；另一方面他们从小在一个比较有话语权的环境中成长——家长允许他们在小时候就发言，甚至很重视他们在作为小孩子时候的意见，因此让他们先发言并且不要简单地否定他们的意见已经成了一种起码的语言规则，平等化的沟通与伙伴感更能赢得他们的认同，他们选择的新偶像更多的是他们在参与式的过程中至少以为是自我选择的结果。其二新鲜取向，也就是说他们对于新知识与新风格给予的肯定远远超过对于通常我们强调的规律、本质、规则的重视，"新鲜等同于良好"的心理趋向显著而且成为群体风尚，在他们面前，歌星、小说、产品包装、时尚、词汇、品牌等等，新鲜者昌、陈旧者亡的例子可以说是天天发生。其三趣味创造的寻常性，不只是追求结果的成就感，工作与生活过程的趣味性价值有了很大提高，这就意味着丰富与多样化的动员与沟通模式成为组织管理与领导方式的自然组成部分，管理在很大程度上成为高接受度的服务选择的组成部分，它需要有魅力的人物，有意义与娱乐性的内容，有创新性的表现形式，他们不喜欢甚至厌恶刻板不变、千篇一律、墨守成规、煞有介事、套话连篇、念稿背稿、例行公事的感觉。

其实与老一代人相比，年轻一代敢于表述他们怀疑的想法，敢于表述他们主张的想法，也敢于拒绝他们厌倦的想法。他们对虽然地位高但是与他们所认同的事物有距离的东西的耐心降低了；他们显著地表现出积极躲避他们所不喜欢的东西，而不是像老一代人那样更能妥协；他们变得更加直接，他们不仅批评，而且还想象他们所应该得到的东西，因此就有了很强的建设倾向；他们有高度的信息敏感性，因此能够接受同样是基于信息的交流，但是他们对于基于权威的简单指令则比较不以为然；作为年轻人，他们更愿意随从同伴的压力，无论是在网络上还是在现实社会生活中。

由此我提出对年轻人公共动员模式的四个基本转变：一是实现由青年组织机关干部动员社会青年的间接模式，向青年社会领袖动员年轻人的直接模式转变——在年轻人中通过广泛的社会服务与社会活动，发掘、寻找、培养与推动青年公众人物的形成（我曾提出去发现常人中有公益与公共管理的自然人格倾向的人才，这大概是 1% 的比重，而且由此还可以进一步发现有 5~6 个积极追随者，从而能获得另外 70 个左右的猎奇与爱热闹的群众），让他们而不是青年组织机关干部成为青年社会动员的主力；但尤其应注意警惕现在青年组织的中年化倾向，年龄大一些稳妥似乎是稳妥了，但离青年人的真实感远了，对青年的敏感性与通情性弱了，组织与工作对象的疏离度就大了。二是由意识形态教化模式向基于见识的参与式、解难式动员模式转变——意识形态教化具有很强的套话、官话与千篇一律的特征，基本上是以上对下的姿态为主，基本悖逆、背离青年人的新知取向，与此相对的是建立在丰富新知（充分的新知识、新信息、各类见识与技能）基础上的说服性的影响力权威，面对生动真实的问题，鼓动人们发挥自己的智慧与经验，在尊重专业与群策群力的结合下，获取解决问题的方法。从这个意义上说，深入细致的社会工作，吸引与挖掘社会工作积极分子的社会服务，推动新的公共空间、新的公共意见与新的公众人物而形成的草根性社会动员工作尤其具有价值，这种尊重青年本身的存在价值而又适度结合外部支持的模式，具有很强的上下结合的特性。三是由格式化的宣传工作向多样性的沟通工作转变——今天的青年社会群体不仅有社会阶层之别，就是在同一社会阶层中还有社会群体之别，而在同一社会群体内部还有因心理特征与行为模式差异而形成的多类社会亚群体，这就需要我们吸收、借鉴、学习在各种文化表达、艺术形式、新科技等方面提供的各类可能性与帮助，有针对性地、分门别类地、持续不断地挖掘出具有戏剧性、新颖性、突破性的吸引青年人注意力、加强他们的记忆力与回溯性、促发他们的应用性与加强他们的尝试愿望的鼓动与压力机制。格式化宣传工作容易引发青年人的逆反心理，而多样性沟通则为个性化的针对性工作提供了空间。这一点其实在商业服务机制中应用得比较充分，很多商家已经注意到了青年消费者的特殊性与个性化满足方式的价值，这些公司（比如百事可乐、阿迪达斯、诺基亚等）的青年消费者工作方式值得我们的青年组织去学习。四是由系统的灌输形式向快节奏的体验模式转变——低耐心度与在高信息量下常常自以为是的青年人，意味着他们更有可能接受另外一种影响方式：各类新的媒体形式中所蕴涵的信息量巨大，方式经常而快速变换着的一致的核心信息，人们不是被再三地用语言教化着，而是被针对不同感官与大脑皮层的影响方式持续而包围性地影响着（记得，人的语词本身只传达 7% 左右的信息，而语调传达37% 的信息，身体语言则传达 56% 的信息，难道大家不觉得我们今天太缺少那些吻合我们的表达与接受天性的表达方式了吗？所以我们所获得的体验方式也太少了），我们的感性与理性素质因此而被同步改善。

对于青年的社会动员需要有更多的探索，这一方面包括给予青年人更大的空间，让他们表达出自己创新的愿望与理想，让他们尝试自己不成熟的意见，甚至容忍他们可能犯的错误；另一方面也要给予青年积极分子、青年基层管理者与领导人和青年组织以更大的空间，让他们能针对不同的细分工作对象群体尝试不同的工作模式，甚至容忍他们的一些失误与问题。

与以往任何一代相比，今天的年轻一代更加拥有自己自由行动的主张，那种自诩精英而为他人作嫁衣裳的模式，现在很多时候会变成吃力不讨好。但是，与青年人一起面对问题与未来的挑战，则可以在这种紧密的伙伴感与团队感中焕发出群体的力量，从而深挖出青年集体的潜力。

国人对国家小骂大认同

查"零点"调查报告发现，中国人中有86%的人认为国家发展的方向正确，该选择频率高出第二名国家澳大利亚的一倍多。这一结果与5年前和10年前"零点"的同类调查相比，总体上相当稳定，这也许是对许多批评中国人权与社会发展模式的西方人士与组织的一个非常大的嘲弄。不过，许多国际媒体或学者质问这一结果的真实性，因为许多人会说，中国老百姓不是对社会有非常多的不满吗？

"零点"历年对中国民众社会感受的研究可以直接回答这一问题：其一，中国民众对于国家改革开放的政策大方向与基本改革的选择不仅支持，而且认同，而且30年改革开放使得民众对政府建立了一种信心，那就是在各种困难面前，政府最终的对策模式大抵不差，这些选择虽有异于西方的标准，但其收效证明是有效的，而且改革的经验也为不少世行及联合国机构专家所认同。但这一认同与民众对自己不断增长的对生活和职业中所面临的各类具体问题和多样化的需求未得到解决和充分满足的批评是结合在一起的，因为这两者互不掩盖，从而使民众在对执政者的表现评价上能够做出理性的区分。其二，中国民众对中央政府的信任度与认同度极高，这既是成功的形象传播，也是正确的宏观政策选择所树立的信用，但这一评价又与民众对基层治理者的高批评率并存，互不掩盖，从而使民众对这一社会的治理系统有不满，但也心存期望，而非简单的抵触心态。因此，从总体上看，政府的有为进取使得民众即使对当下的官员不满，但仍对以后的治理者及其所进行的改善可能有所期待。其三，随着社会的发展，大部分老百姓在收入、个人职业机会、学习条件、出行机会上均有普遍上升，但在这个过程中又对某些不公平、不公开、谋私、腐败现象不满，在这个时代，人们不相信免费的午餐、完全清廉的政府，而更相信带来的新机会与新成就，对于仍然存在的不少不足与毛病，还是可以接受得到不断纠正的机制，比如中国与金砖国家中的俄、印等国相比，一级行政办事流程中的常规手续性腐败显然很少，而更多的是在公共投资项目中的寻租性和发展性腐败，这种腐败虽不好，但仍多少有伴随发展的成绩，因此民众也并非简单排斥。

如果看不到中国社会发展中的这种两面性，就不能洞察到中国社会进步与问题并存和由这种进步所带来的民众对解决问题的信心，也就无法理解中国民众在对国家发展认同的同时，又在报怨自己的生活体验。或许个别民众在进行社会观察时难免出现偏颇，但在由众多民众形成的集体判断中存在着一个耐人寻味的大数定律，如果你对此不理解，那么很可能就需要检讨你的评价方法与评价时所采用的标准和参照系了。

科学决策需要系统民意

从基本意识上说，重视民意与以民为本已经得到了普遍认可。但是从方法论的意义上说，民意需要有更系统的汇集与表达方式：其一是需要有合理的代表性，使得不同利益群体的需要均能得到反映，而且我们也能以适当的方式识别出各种意见的来源群体；其二是需要有适当充分的数量来体现较为广大的群体意见，而不是少数个体意见的集合；其三是要有持续不断的民意收集与整合机制，既可以使人民把表达自己的意见当成一种习以为常的行为，也可以使决策者从中判定民意的变化走向。因此，大家从目前的研究中看到的正是这样的一种努力——用系统的、持续的、指数化的、覆盖几乎全部关键利益群体的研究，努力使大家能够看到中国人认知与感受世界的方式，以及他们心目中对各种社会事实的看法。

"零点"开发了近四十个反映民意感受的指数系统，包括社会、文化、政治、商业服务等多个方面，每年"零点"会分别发布包括居民生活质量、机动性、AIDS 认知、性安全、跨国公司影响力和金融等涉及商业服务、宜居、理财、快乐、时尚和健康等的指数成果，而以上选择的项目是其中一些比较有代表性的指数成果。其中"零点居民生活质量指数"通过公众对二十多个关键的生活方面问题的反映，来判断居民生活满意度的变化及影响满意度变化的因素；"零点公共服务指数"反映的是中国公众对包括政府服务与公用事业服务的满意度；"零点宜居指数"体现的是城市居民对目前城市的适宜居住水平的对比比较，并发掘不同社会与社区因素对宜居感受的影响水平；"零点环保指数"反映的是公众对目前环保问题的认知、感受、参与和政策接受水平。这些指数均已有了必要的年度比较结果，而且彼此之间也有一定的互相印证性。与一般的针对更为具体的个别问题和个别地区的问题相比，这类指数更能反映目前我国在总体层面上所存在问题的性质、程度与类型，因此对全国层面问题的决策者会更有参考价值与启发意义。

中国公众的系统民意反映出以下基本的趋势：其一是对未来生活的多方面具有相当强的乐观性，同时对于目前生活中表现出批评态度的方面也有所增加；其二是中国居民的国家骄傲感增加，同时对于国际化和国家增加开放度持非常积极的态度；其三是公众对多类商业与公共服务的普及度比较满意，但对服务质量的提升度则有所不满；其四是中国公众生活质量的精细度与高品质化的倾向非常明显，同时对各类事物的挑剔度也有所提高。

今天，中国的系统民意的发展在一定程度上得到了媒体与政府的更多重视，但是对于民意汇集的预算投入、学术重视、使用频度和研究精度均有待提高。

民意等于舆论吗

一个老百姓看报纸得到了一个国际消息及其评论，然后在他转告给其他人时，就很可能把那信息当成自己的知识，其他人因为对他的信任，也就把这个信息当成了他的意见。这个例子告诉了我们一种可能性，也就是说，很多时候我们认为的民众意见（公众意见）其实是舆论（媒体意见）对他们的影响。我想也正因为是这样，执政者对于舆论的监管才会那么认真与在意。但是，随着人们活动空间的扩大、信息接触面的增加、个人经验的多样化，单一的媒体舆论并不见得可以广泛与确定地等同于民意，一般来说，越是老百姓个人经验丰富（比如经商或者劳动关系）并能证实的领域，舆论的主导作用就越小；而越是老百姓个人经验较少的领域（比如国际关系），则舆论的主导作用就越大。但是现在舆论媒体也在多样化，而且网络媒体中的很大一部分都具有网民自主媒体的性质，因此被单一渠道方式控制的舆论也越来越被多元媒体所改变。

民意被舆论主导的现象，在很大程度上反映出民众的意见具有很强的受精英群体——学术精英、政治精英与其他媒体精英——影响的可能性，精英意见透过大众媒体逐渐演化为公众意见，当然也不排除公众意见本身借助于媒体进行传播的可能性。从我自己的专业出发，我经常能观察到，公开的民意测验结果本身就可能对民意产生影响，尤其是其中意见比较不稳定的分子。媒体的一个重要长处在于，它懂得怎样把各种事实与意见加工得较能为其受众所接受。但是，今天的媒体不再是独一无二或者可以强制要求人们与其对口径的时代的媒体了，因此虽然媒体意见的确有很强的影响作用，但它还是会受到日益增多的竞争信息源的挑战，其结果是没有一个媒体能够真正声称自己的意见就可以强大到足以形成民意。

民意本身也是分层次的：核心部分是价值观（比如对于家庭的责任感的区别），不容易改变，而且很稳固；其次是知识层面（比如不同的文化教育水平对问题的不同认识能力），需要一定时间形成，但是在新知出现时会出现变化；再次是信息层面（比如与媒体的接触习惯导致的信息量的大小），反映出对于不同事实的接触能力与反应模式；最后是情绪（个人情感方式与对于周围氛围的反应性），显示出高度不稳定的情感与反应性心理。民意的稳定度依次由内向外减低，同时某种意见或者心理状态的延续性也依次缩短，而恰恰媒体意见对于公众意见的当下影响力则是从外向里依次减低，这显示了民意有一定的自主性与一定的互动性的特点。

国进民退的权益

遇到一事业单位领导给我说故事，说的是他们单位的新员工安排，只要有空缺总是接到上级单位领导或者人事部门的安排，基本上是缺谁就给你安排来谁，不是这领导的亲戚就是那领导的同学的孩子。"我们下级服从上级，群众服从领导，我们是一级单位，不能免俗"。这个现象不只在这里存在，其实在国有的企事业单位，这类现象非常普遍，如果说机关公务员现场有一些硬性考试的限制阻挡，那么在国有企事业单位人事安排上则基本是无拘无束的。对于手底下管着一堆企事业单位的一级领导，这些单位基本上就是自己安排人的最便利的地方了。这与民营企业不同，民营企业老板在本质上要为自己的效益与产出负责，所以除了安排自己家族的人之外，对于随便安排其他关系的人还是比较谨慎的，因为公司里这样的人太多的话，其产出能力就有较大的麻烦。

庞大的国有企事业单位，很愿意让党政领导滥用私人的资源，这样公私资源就混在一起了——他是你上面的领导，是你公共职务上的领导，但他可能经常让你帮他办私人的事情，而且你帮他办事还会成为他今后私下成全你的影响因素甚至决定因素。所以国有企事业单位越多，当领导的私人利益实现的载体就越多。因此站在实质廉政建设的角度，非常需要让更多的企事业单位民营化，减少使用国有资源办企事业单位的模式，对随便安排私人人事的现象来个釜底抽薪。所以国进民退最大的"好处"在于有权的人得益，这些人站在堂堂正正的口号下说事做事，而实际上更多的是为他们自己谋利，是为权益。

话虽是这么说，可我还是觉得这依然不是一个好方案，因为在民营化的过程中依然会充满猫腻，因为帮领导的忙才可能得到民营化的机会；但长痛不如短痛，现在有点猫腻，今后就会好一点，毕竟利益机制改变了。但当你去竞标、去外包、去争取政府政策补贴时，还是要取决于你是否配合了领导的私人需要，这个配合的事情需要做得很巧妙，要表面看不出，台下心里有数就行了。因此，解决这里面的问题就需要更加透明化，需要公告周知，就像前一阵公告了一下网站建设就看出来很多猫腻，毕竟我们现在的民众素质也在提高，没准就有啥外部的奇人与内部的义人，内外一呼应，那些整猫腻的人做起手脚来也不能太放肆。所以如果先断基础，再更透明些，那么有权人的那点利益风险就加大了，做事前就必须掂量掂量，肆无忌惮的权益之举就需要有所顾忌。

4 摆平——社会与民生

五问商业地产

正值商业房地产联盟在成都开年会之即，我应邀主持了其中的开发商讨论环节，这次去的人还是挺整齐的，基本上万达、瑞安等商业房地产主力都到了，大家在一起的探讨气氛也不错，我借主持之便，五问商业房地产的问题，没有得到满意的答案，但至少算是提出了我心中一直怀有的疑问。

其一，商业房地产的发展真的能启动内需吗？现在的所谓商业房地产热究竟是因为市场的真实需求，还是因为住宅房地产管得太紧，以及商业土地使用流程上的操作空间比较大而导致了钻政策空子的操作？其二，大家现在做的商业房地产的样式，在每个大类里面其实并无特色，比如我们现在80后、90后突起了，但是我们的商业房地产或者商业街区很少有为他们考虑的，这说明实际上大家根本就没有啥差异定位，只是一哄而起的抢地。其三，电子商务的发展在很大程度上是对物理形态的商业房地产需求的挑战，我们今天做的商业房地产至少与年轻一代日益发展起来的非物理意义上的购物高潮形成了鲜明的反差，这样我们是不是在制造新一轮的泡沫呢？其四，很多业内人士说商业房地产所需要的操

作经验与模式要比住宅地产还要专业，但很多操作者做一般
住宅都很一般，那么如何能操作得好商业房地产呢？商业房
地产业者如何在相对容易的地产操作之外整合相对更专业的
商业资源呢？其五，现在住宅房地产的价格有个基准线，还
可以看升看降，那么我们现在怎么看商业房地产的价格与走
势呢？大家都说要大力发展商业房地产，但是现在商铺大量
空置，是不是说明在这个领域其实也存在着大量投机行为与
过度投资炒作行为呢？有人提议物业税的尝试首先应该针对
非关民生的商铺，大家会怎么看？

　　在我看来，商业房地产的确有很大的发展空间，但是现
在商业房地产的大干快上，很多地方的大规模、大批量的商
业房地产项目包括所谓城市综合体的发展，包括很多品牌住
宅房地产商与品牌产品商直接投资商业房地产项目，在很大
程度上是因为发现了在商业房地产领域的操作便利与规模套
利空间。在我们很多等待购房的人还很关注住宅房地产政策
与价格变动的时候，其实如果站在资源变动的立场而论，应
该更关注商业房地产领域，因为这个领域已成为新的造富机
会的集中营，也成为新的事业发展的关键点，同时也是城市
发展与金融风险的集中点所在，其多种风险的集聚机会也正
快速增加。

央企退出无利于抑制房价

中央责令 78 家不以房地产为主业的央企退出房地产市场，这让很多对央企频当地王不爽的人似乎出了点小气。但我个人认为这一决定对于房地产市场本身几乎没有任何影响。因为一转脸，这些央企的房地产业务部门就变成了另外 78 家专门以房地产为主业的国有房地产公司，或者过一阵改制成股份制上市企业，这个还是左口袋与右口袋的问题，既不影响有国有背景的企业在获得土地与金融资源上的便利性，也不影响他们继续在土地市场上充当地王。在我看来，国有企业不应该在商品房市场上扮演如此重要的角色，而应该把这一市场主要让给市场化的民营或者至多是股份制企业去操作，而让国有企业重点在保障性房地产市场上发挥作用。

而勒令央企退出的举措对于房产价格几乎没有任何影响。有人误解中央的政策调控会导致整体房地产价格下降，但实际上在目前的房地产市场上，保障房与商品房双向平行的架势已经基本形成，我个人预期在保障的大力度投入下，这类房地产市场的供应量将会显著增加，市场价格在政策的要求下保持平稳，但是房源获得的公平性将会逐渐成为争议的焦点。

我们房地产市场的基本格局也许可期待其维持：在现有政策之下，中高端商品房的市场价格不可能发生大的降落，在其他投资工具稀少的情况下，其对于社会 15%~20% 的高收入阶层者作为投资品功能的形式也没有大的变化；保障房供应量增加会导致城市居民中大约 25% 左右的人受益；但是对于超过半数的期待获得居住空间者来说，他们能获得廉租房就很不错了，而政策机构可能做的就是把这类公共租赁社区发展成为富有活力与特色的青年公寓区，大家不只感受到这是青年人的聚居区，而且还是恋爱交友的好地方；不觉得是社会弱势群体的集中区，而只是个人成长的过渡期。

开发商不开发土地开发啥

每当房价飞涨的时候，房地产开发商们就有很多理由辩解，其中有一个很重要的理由就是土地供应量不足。针对部分开发商"保 18 亿亩红线导致建设用地供应量不足"、"地荒引发房价飞涨"的言论，国土资源部总规划师胡存智回应：我国城乡发展建设用地预留数量是足够的，对开发商闲置及低效利用土地，国土部将进一步予以规范。国土资源部有关负责人说，最近有的房地产开发企业大量储备土地成为媒体关注热点。如果房地产开发企业"囤积"土地不及时开发，会进一步加剧房地产市场土地供求紧张程度。人为哄抬地价，不利于市场的健康发展。为防范房地产开发企业"囤积"土地，应缩短土地开发周期，促进供应土地及时开发，尽快形成商品住宅供应。对中原地产的部分城市开发地块的抽样调查也显示，大约有 1/4 左右的地块没有如期开发。而一些城市公开宣示要处罚未进入开发的地王地块，这也部分显示了相当一部分开发商囤着土地不开发的事实。

囤土地行为本身就挣钱，在紧控土地供应的情况下，搂着土地等于搂着摇钱树，拖得长无论是自己开发还是转手都是不错的买卖。当然也有囤土地是因为资金短缺的，尤其在调控与危机以来，这也比较普遍。但是无论是前者还是后者，其真正的问题在于土地与建设主管部门显然没有很严格地执行土地开发的执法程序。如果不能严格执法，当然谁都愿意留着土地不开发，等于抱了个金娃娃。

实际上，囤土地与拿着地不开发并不是普遍现象，也不代表所有开发商都是这么干的，的确也有开发商及时拿到地就开发的，但是开发完了之后再想拿地就不容易了。其实，那些有道道拿到地、还拿到大块地、还拿到大块好地、还能超期不开发、还能不开发而不受罚的开发商就大大挤占了那些规矩开发的开发商的资源空间，而且因为那些开发商囤积土地(尤其是当了地王而未按期开发者)会直接导致土地价格的上升，所以老百姓骂娘的时候也是不管你三七二十一把所有的开发商一起骂了。总之，在这样的情况下，开发商不囤地而去及时开发的行为多少倒显得有点傻呢。

开发商囤地不开发是未按照法律要求规定的作为，但是那么大一块地放在那，一个城市一个时间段里面需要按期开发的地也就那么多块，那些没有按期开发的土地居然也没有得到及时的警告与处罚或者清退，这样的不作为行为又是谁的问题呢？如果没有及时开发的土地不仅严格按照规定清退，同时还处以高额罚金（应该在现有的水平上，将罚金或者定金的数量显著提高），有一块处理一块，那么谁还敢囤呢？对于囤地行为是谁不去这样执法呢？是不敢还是不知道怎么执法呢？为什么组织与人事部门还让他待在那个位置上呢？是有猫腻不执法吗？那么纪委与监察和检察部门又在干嘛呢？在这个攸关民生与重大资源的问题上，表面上是囤地问题，实际上是执政能力问题。

拆迁权与房价上升

拆迁是一些悲哀故事的起源，也是一些欣喜梦想的机会，在每一个地方的拆迁中我们都可以看到这两类场景。针对《拆迁条例》修改问题而爆发的舆论争议持续进行中，而且我觉得这个争议还不会轻易有结论。我个人一向旗帜鲜明地支持弱化政府的拆迁权力，而把拆迁变成以开发商与居民谈判为主的模式，我在清华大学公共管理学院开设"公共谈判技巧"和"利益集团分析"两门课的时候，就在 MPA 学生中进行拆迁谈判的模拟。在以往的拆迁中，仅仅出于商业开发与公共建设的目的就大量强制拆迁居民与农民住居的方式，既是对民众权利的粗暴侵犯，也会导致公共权力的不当扩大。难怪世界上不少政府的官员慨叹，很多人羡慕中国城市日新月异的发展：要是我们也有中国政府官员那么大的权力与资源进行大拆大建，那么我们的"日新月异"也未必就输给中国人多少。我们注意到了社会建设的成就，但是我们对于这种建设成就所付出代价的关注是不够的，而且因为政务透明不够，这类关注的广度与深度也存在严重的不足。可以这么说，没有现在的拆迁模式就没有现在城市的快速发展，也就没有那么多新房子可住。西方发达国家的城市看起来总是那么旧，印度的道路建得那么慢，一个重要的原因就是他们没有拆迁办，他们也没权搞拆迁办，他们也不敢搞拆迁办。

目前我们的城市发展与房地产发展，一部分是直接在农地上发展，虽然也涉及补偿问题，但是拆迁任务没那么复杂；另外一部分是在城市改造的基础上进行，那么拆迁任务就相当不简单了。如果我们现在的拆迁模式朝着弱化政府拆迁权力的方向转变，那么结果将是更多开发商乐于朝农地建设方向发展，这样会导致农地的竞价上升；而城区改造的速度将明显放慢，开发商与原居民谈判后的拆迁成本显著上升。无论在哪种情况下，城市住房的供应速度与供应成本在现在的基础上可能会有更大幅度的上升。于是，我们将会看到公共管理中经常可能会出现的两难境地——强拆迁权力，则原居民受损严重；弱拆迁权力，则房价会有更显著的上升。我们一般人可能期待一个完美的答案，但是公共行政中只能给出的是两害相权取其轻，而轻重的感觉站在不同的角度还会有不同的感受。

麻将也能促进社会和谐

到杭州出差时去了趟浙江大学开的宾馆，在他们的麻将文化馆里让我系统地学习了点麻将的历史。原来麻将是自春秋就有的骰子与明代就有的叶子戏发展而来的马吊，在清代中后期结合而成。它开始表现为长形纸牌，这从我们老家老年人早年玩的所谓长牌中也可以看到。中国人打麻将也甚是普及，不只在城市、乡村到处可见，就连在国外的中国城也还可以看到专门的麻将馆。20世纪90年代的中国甚至出台了专门的国家麻将规则，希望将麻将规范起来，甚至准备专门举行国家的麻将竞标赛，最后因为社会舆论压力之故而未能如愿。

我并不喜欢玩麻将，偶尔玩玩也就是推倒胡的水平，我的一些朋友评价我说就是属于没入门，即使我老妈也是很看不上我的麻将水平的。在老妈年轻时是坚决反对家中任何人玩牌和麻将的，到了晚年她才开始对玩麻将有了兴趣，而且现在也基本上是下午的常规活动，就连到亲友家串门也是少不了推两把，我的姐姐嫂嫂们为了哄老妈高兴，多少也会来那么几把。老妈说玩麻将可以防止老年痴呆症呢。

我老家的一个亲戚过于好玩麻将，偶尔还赌点钱，我受其家人之托去说他，他却对我说，你说乡下这样的地方，没个娱乐，也没啥有意思的活动，你不去玩麻将，难道等死？难道憋死？所以我看麻将首先是中国的一种社会交际的重要方式，有麻将桌就能形成场子，就有了中心感，就有了自然的话题，而且唯独它比较有持续性与统一性，大家以前可以不认识，但是因为有了麻将，就可以自然地发生关系，从这个意义上说，麻将真的可以算是国粹了。其次，比照西方社会，中国既没有发展出来类似基督教会这样能耗费大量时间的系统的精神活动空间，又没有由好莱坞、迪斯尼等构成的丰富的商业娱乐制造体系，因此城乡居民的大量业余时间与闲暇时间是无法大规模打发的，通常闲暇生事，而消除与减少生事可能性的很重要途径就是小孩上网、大人打麻将。最后，麻将是一种规矩，它有清晰的规则，在相对模糊的传统文化范式中，麻将真的还算是不错的提供了一种公平训练的社会活动。

对麻将最大的诟病应来源于用麻将赌博这一点上，如同任何的输赢竞赛机制一样，麻将在有些人中会被用于赌钱，有些甚至还输赢巨大，更有的还通同作弊。关于这一点我没有更多的辩护，而且我觉得纵然像体育运动都可以被用于赌博，那么罪应不在体育运动本身，所以从这个意义上来说，麻将本身也没有罪，重要的是我们大部分人是否从麻将运动中受益。很显然，参与打麻将的大部分人不是靠麻将吃饭，所以麻将本身不是赌博，麻将是被用于赌博的一个客观载体之一。而且我们理解在玩麻将的过程中，有点小来来（即小输赢）也是一种符合流行运动激励机制的设置方式，关键在于大家掌握小来来这个度。以我对乡村社会的观察，麻将的玩钱规模是分人群的，同样说小来来，不同人群的实际掌握标准就有差别；同时，一些好与不好的事例会在熟悉的社区中传播，成为教育与提醒人们的自然题材，从这个意义上说，似乎也不需要社区外的力量经常把麻将当个事情来整治。但是有一点，麻将在今天的中国城乡虽然能充当大量消耗时间的工具，但是我不主张家家户户都玩，也不要整日整夜地玩，尤其是有孩子的家庭，过度沉湎的玩法给了孩子很不好的示范，更何况很多玩的空间还满屋烟雾，显然也很不健康。

考公务员热得有毛病

这几年，公务员资格热一直在在校大学生中延烧。最近在大学的职业巡讲中，哎呀妈呀，发现考公务员可真的热得不得了。问题是，学任何专业、在任何地方的学生几乎是一致地热衷于此；问题还在于，大部分热衷于此的学生一不知公务员具体怎么干活，二不知自己是不是喜欢从事公共管理，三不管自己将来会从事什么样的具体管理岗位。公务员热现在非常像一种时尚，大家都热，我不热显得跟不上趟；公务员现在相对其他职业而言也非常像保险箱，大家都觉得这个活稳定可靠；公务员现在也像超级女声，反正谁都可以参加，就看你自己能不能考出来。

作为法律规定的资格考试，任何人只要符合条件，考公务员这件事是无可厚非的，所以大学生考公务员也一样。而且有了那么多获得资格者，机关的选择面也大大扩大了。但是，理智地说，如果做公务员到了百里考一得证，再到千里得一上岗的时候，那么我可以说，正常情况下真正能做公务员的概率就很低了，而恰恰在这种紧俏的情况下，公务员的上岗机会又会与腐败和关系相连（当然进步的地方是你起码要通过资格考试），这样我看不出在这方面进行选择的投入产出的合理效益水平。我的理解是，今天大学生真正的长技是考试，所以考公务员与司法考试一样，可以涌现出很多公务员资格考绩英雄；而且今天的大学生从小被父母消灭了自我偏好的选择能力，所以至少考公务员是一个看得到效仿的职业目标，而且也不失为一个努力方向；今天的大学生基本上都是独生子女，父母舍不得他们闯荡江湖而担惊受怕，所以考公务员也是特别会得到父母祝福与鼓励的一件事。凡此种种，就决定了考公务员热得不可收拾。

　　但是，我是用高低球原理来看公务员这个职业的——从高球而论，公务员需要我们有比较显著的公益人格，有突出的公共服务理想与精神，如果连公务员干什么都不知道，从进去时就准备着养老精神的年轻人，那么实在是对公共职位的一种贬低；从低球而论，公务机关充满了文山会海、例行公事、尸位素餐、铺张浪费、楼堂馆所、钩心斗角、奉承拍马，我们很多学生连起码的人情世故都不懂、最简单的规矩都不愿意学、一点委屈都受不了，就是你真的进了公务机关成了一名公务员，又能有怎样的工作成就感与乐趣呢？我做过公务员，以我的个性就觉得我在那儿真的感觉有点惶惶不可终日。我一直认为从商是要有商才的，当官是要有官才的，高低球中你怎么也得占一样吧。如果十三不靠，却还非要去得这个资格，甚至幸而或者不幸去做了公务员，那么我看这不只是我们自己个人的悲哀，也是公务机关的悲哀，还是在这个领域碰到你的服务对象的悲哀。

5 地盘——城市与社区

令人神往的公共空间

"文革"时没有村只有生产大队，村下面的自然村就叫生产队。我家所在的村开始叫辉煌大队，后来改叫"文革"前的仁北大队，生产队则称七队，七队的北边是八队，东边是六队。七队有大约六十户左右人家，分布在一排排的居民线上，如果说起特定的人，就会说"东排的XXX"、"北排的XXX"或者"排头的XXX"。组成生产队的是这些人家，而象征生产队的则是一排堆粮食或者化肥农药的库房。库房前是一个打谷场，场上有毛竹做的旗杆，在我的记忆里，生产队每天都升旗，但那不是升国旗的仪式，而是上工与放工的讯号——升旗上工，落旗放工，半旗则是休息。上工的时候经常要选一个看得见旗帜的角度观望旗讯，因为没有落旗而放工是要扣工分的。

生产队的打谷场也是户外放电影的地方，放电影的口了是我们小朋友最开心的日子，当看到电影幕布升起时，快乐的我们就早早地吃完晚饭搬个凳子去看电影，顺便再组织一些小朋友去阻击邻村的小朋友（我们称他们为"野小官"，反之，亦然）来看。除了看电影，生产队的麦秸垛是我们练习攀登的理想场所，而观看邻近养猪场里的各种公家猪儿就相

重民时代——袁岳社会管理新思路

当于城里小朋友逛动物园了。年底，生产队杀猪分肉及把公家河沟里的鱼捕来后分鱼，也是一些让人迷恋的时光。尤其记得小学时在生产队打谷场集体吃用番薯藤与米糠煮的"忆苦思甜饭"，一人一碗，虽然已经忘了滋味，但大家都吃得很热闹。在生产队的大仓库里，有拖拉机、铁塔车、脱粒机和水泵，这些玩意儿也都是我们小朋友很有兴趣的观赏对象。

农村分田到户促进了农村农业生产的积极性，但也有一个巨大的不足，就是在农村消除了过去只有在生产队、生产大队才存在的公共空间，所有的空间都私人化了。记得1997—2000年我在北京城乡结合部做社区研究，以及去年走访河北涿鹿的矾山镇时，我发现这些农村社区中一个最大的缺乏就是没有真正可供公众利用的公共活动空间（其实这点在城市社区也是一个问题），因此人们普遍缺乏以往在生产队和生产大队的公共空间中可以找到的乐趣及所培养的朴素而必要的公共感。

公共空间问题一向是国际社会学和建筑学学术界与实务界的一个重要议题。社会学家哈贝马斯对于公共空间对社会现代化的作用有过重要描述。在社区规划与社区建设中，公共空间也起着十分重要的作用。相对而言，中国社会学者普遍对这个问题缺乏起码的研究，而建筑学设计者也基本上侧重于建筑与空间的商业和日常生活等实用功能设计，而对公共空间价值的认可及其预留都极为落后。在缺乏公共空间思想的前提下，"和谐社区"建设就有可能不是走向口号，就是走向莫名其妙的社区管理；同样"社会主义新农村"就有可能不是走向口号，就是变成让农村拆旧房盖新房，甚至到了盖农村的样板别墅的程度。请重视与学习一点公共空间的知识吧！

建设魅力青年廉租社区

　　我曾经在上海的浦东张江与有关领导讨论过为园区的青年员工建设活力舒适的青工宿舍区，我也在天津的滨海新区与有关领导讨论过在青工宿舍区发展蓝领夜校，为青年工人提供学习交往的公共空间。这些探讨都与建立一种年轻蓝白领们可以承受与乐于进驻的社区模式有关。关于房价的讨论现在很热烈，很多等待买房的年轻人为自己蜗居甚至连蜗居机会也没有而郁闷，有一点可以肯定，现在想买房而感到房价过高的是一大批80后的年轻人，他们很多人刚工作不久，薪资不高，按照正常收入水平他们是买不起房的；但是现在他们有很强的居住需要，很多人朴素地希望有一处属于自己的住房。社会上不少人认为，80后就应该接受自己买不起房的现实，而应该接受租房或者选择廉租房。但是似乎80后并不买账，部分原因是因为他们有了从小选择尽可能理想的生活方式的惯性，另一部分原因是廉租房那种弱势群体的照顾模式似乎不符合 80 后一向的心理习惯。可以肯定的是，仅仅在偏远处给买不起房的年轻人提供一处既不舒服也没有适当服务的地方作为廉租场所，似乎很难说服大家去接受这类所谓的廉租房选择。

最近北京与上海两地的青年联合会希望我作为青联委员帮助提一点议案构想，我就觉得应该发挥青年组织的优势，在建设年轻人需要的低成本青年社区方面做一些工作。社区建设的成本可以低一些，大家租的房价也可以低一些，但社区建筑风格、社区设施、社区青年服务、社区活动都应更加符合年轻人活跃、趣味的特点，尤其要能照顾年轻人社交、学习、娱乐的需要，在设施的独特性与活动组织的创意性方面必须有很大的革新。现在数量非常少的廉租房的形象与模式，我可以说它们在 80 后中间是吃不开的。相反，如果真有人在青年廉租社区的设计与服务方面下很好的心思与工夫，建造出很好的服务品牌，那么这些社区大受欢迎也将是意料之中的事。如果这些社区真的没有像样的物业机构来管理，那么可以建立公益式的物业管理机构，也可以鼓励社会工作机构在这类社区中探索出新的有特色的社区服务模式来。

廉租房社区在国内还没有太多现成的模式，有些开发区的青年工人宿舍区似乎都是类似的样式，但是如果廉租房社区变成了变相的贫民窟，这显然是不可行的。因此我觉得应该采取一个由政府投入、由大规模的廉租管理服务机构管理、由青年服务组织与社会工作组织介入服务的解决方式。我们一般性地讨论廉租社区已经有一段时间了，目前是我们必须下决心进行一些成规模的社区实验与梳理解决方案的时候了。

在网络社区中营销

人不是均衡地拥有社会影响的，有些人处在社会影响链的前端，有些人则在后端；有的人说的话能说服人，有的人想说服人就难得多。人们在社会中营建社会关系，利用先行投入、差异信息与知识、推动组织化等技术，提高自己在社会交往中的社交资源，有些很成功，有些不太成功。网络在当代人们的社会交往关系中提供了一条相对便利且随时可用的动员渠道，而且是一种可以变化动员角色、尝试不同刺激方法、可给予社交反馈的互动模式。社会资本理论到了网络时代实际上有了一些完全不同的新视角，也有了一些耐心寻味的新发展。

网络社交中的优势表现在：其一，普通实体社区中人们改变自我影像的能力很有限，而网络则提供了非常大的尝试与弥补空间；其二，网络提供了在单位时间内更高的接触与交友效率，人们能同时在网络上与 10 个人聊天，而在实际生活中则较难管理；其三，网络中可以形成有跟随响应的粉丝效应，并利用网络社区空间的容量来传播给更多的影响圈甚至公共圈，总体而言，网络对于人们影响的放大效应要大得多；其四，网络社交的趣味性使得它比线下社交更具有共享学习与克服短周期挫折感的能力。在今天的网络上，人们大部分的社交优势的发挥是自发的，而不是自觉的，而网络关系的商业利用则是自觉行动之一。

传销类企业曾经把人际关系当成其主要的营销资源；而在网络上，速成型社会关系成为企业的营销资源则既不会那么敏感，也不会那么有限。虚拟社会中的社会关系容易建立、更为广泛、经常维持、迅速扩展、容易变换，但同时也为商业性价值的置入提供了机会。因此网络营销的关键就在于，它是建立在关系营销之上，但又不是在强关系之上；这种网络关系可以有影响力，但又不是高度信赖型影响力，因此它是一种更有商业操作价值的社会关系。但是网络社会关系的营销涉及网络社会关系的建立、拓展与利用，其中自建与利用他人建设的网络则涉及不同的技术，也涉及网民群体不同的反应模式，在这里均涉及社区关系维护与商业价值开发两者之间的平衡问题，而这一点对于很多拿着风投钱或者急于赢利的网络服务者来说往往是一个很大的挑战，财务压力导致了对商业价值的过度追求，而网络社区本身的维护缺乏深度又使得其财务价值非常薄弱。从某种程度上说，我们今天大部分过于商业化的网络服务者均有同样的危机，当然，他们在获得财务利益之后，在快速追求创新中所表现出的差异能力也会决定他们的实际命运。

不应只是星河湾做到

高档社区星河湾，在社区服务方面有很多周到的设施，在社区活动方面有不少帮助大家认识与往来的活动，在社区发展方面有社区媒体与其他听取意见的机制，从某种程度上来说，把居住区做成大家熟悉、喜欢、共同交往的生活共同体，这算是抓住了社区建设的关键。在这个意义上，星河湾的开发商是值得欣赏的，因为至少到目前为止，大部分的中国房地产开发商包括高档社区开发商，主要还是圈地、造房，而且主要还是以环境资源与建筑质量作为卖点，如果房子能做到以社区生活为卖点，那就是相当的进化了。

但是实际上，居住社区的邻里相识、来往互助、参与发展、保护权益，本来是社区生活的应有之义，我们今天的普通社区也应该有这等机会与社会状况。但是怎么样才能有这等机会呢？等待开发商的进化吗？等待我们社区里面出点特殊的社区领袖吗？我看主要都不是。政府设定社区发展的公益基金，同时也鼓励私募公益基金一起来推动社区生活的发展，营造社区居民所需要的新公共服务，发展社区居民乐于利用的新公共空间，创立社区新媒体，推动社区意见的形成与社区新公共人物的出现，让各类社会工作者与社会公益组织可以开发社区服务项目，申请社区发展资源，把社区发展领域丰富起来。在这其中，开发商、业主委员会、居委会、物业管理机构当然起到一定的合法性认可与支持的作用，但主要还在于对社会工作机构、社区公益基金、社区新动员与服务模式的创造。我们期望，在未来几年中，城市的发展不只是动迁造楼的过程，而更是建造新的社区关系的过程。星河湾以其商业利益考虑能做到的事情，其他社区要想做到反而有更大的挑战，因为其中缺乏一个统一的协调机构，甚至还有各类的利益冲突。但是最近上海地区进行的社区公益创投与社区公益发展已经开了一个很好的头，在这里，上海本地的社区服务机构和社会服务组织与外地的公益组织都被在社区公益服务的旗帜下动员到了一起，在政府投入、社会参与、程序透明的原则下，正在发出有力度的社区发展运动的先声，这是值得我们关注的。

从1997年开始，"零点"也曾以各种形式参与和介入社区发展与改造的管理改革实验项目中，但是纯粹草根的操作在缺乏政府决策意志支持的情况下，很难长期延续。而今天，在上海、深圳等地出现了这类积极的官民意志接近的社区发展新潮流，实在是不错的机会，希望引起我们更多社会工作者和社会工作专业学生的注意。

城市变脸的八种推力

做城市规划工作有很多套路，也有很多做法。在考虑整个规划时，通常规划技术所占的比重较大，而对城市人文的认识是不够的。人文有一个很重要的特点，就是它的多样性与可欣赏性，就像自然生态环境的多样性一样。因此在未来社会和城市人文进一步发展时，也有一个很重要的特点，那就是多样化的进一步发展。

一、青年权力在城市中的崛起

中国从 80 后向前到猿人都是多生子女的时代，从 80 后开始出现了独生子女。独生子女时代之后有一个很重要的发展，那就是青年权力的崛起。在家里你就能感受到，现在的小孩子可有权力了。慢慢地，大人的观念受小孩子观念的约束，这个约束达到一定程度之后，大人就开始年轻化了。所以我们的城市将来会表现出一个很特殊的形态，那就是从人口年龄结构来说是老龄化的，因为老人的比重是持续增加的；但是就社会权力分布来说是年轻化的，虽然年轻人的比重没那么大，但是他们的声音被其他人尊重的程度较大。这可能就要求我们在做城市规划时，第一，无论是商业建筑、住宅地产、城市规划，还是社区规划，都要考虑建造更多的带有年轻人特色的设施和建筑；第二，当年轻人的权力崛起的时候，应该更多地考虑年轻人的特点和他们的欣赏点，以便决定新的社区应该规划成什么样。

二、城市的移民化

中国已经有一些国际移民、一些城市间的流动人口以及大量的城乡流动人口。目前在北京，按我的计算方式，长期居住的外国人、合法居住的外国人大概在 12 万左右，港台地区的居民 5~8 万，文化北漂族 30 万左右，农村进城人口 400 万左右。其中国际移民与城市间流动人口对城市风貌有更加直接的文化发言需要。我们在西安做研究的时候就发现，西安的普通居民希望别人不要老把西安光看成是历史文化名城，其实西安现代化的不少东西干得也挺好的。但是在你询问外来游客或者外国投资者时，他们就认为西安对历史文化的保护做得还不够，对历史文化的挖掘还不够，应该让它更历史，更要保留原来城市的文化元素和风貌。移民的另外一个诉求是使原本他们家乡社区的某些因素能够反映在这个城市中，所以从这个角度来说，可能再过二十年左右，在中国，从某种程度上，就会看到更加明确的韩国城、欧洲城……国内外的外地社区样式元素就会进入一个城市本来的风格中。

三、民生数字化

我们很多领导人经常上网，而且通过网络听取民众的意见。很多的东西在网上只要被大家一骂，很多部门就开始改进工作。当然，有的事情在网上一推动，大家就愿意跟这个风。这种情况表明，网民、网络、网上传播已经成为一个强势的工具。目前中国上网的人大概有两亿多，已经占全世界网民总量的第一位了，占我们人数的总比重是15%，而且还会很快增加，这从金融危机时期电子商务与网络上很多东西的更快发展就可以看出。随着3G的到来，将来手机加上网络、加上电视机、加上照相机，所有能够整的那套玩意儿，借助一个手携式PDA终端就可以把所有的信息都放在里面了。有一个游戏叫"第二人生"。这个游戏就像做规划一样，做出一个社区来，在这个社区中有各种各样的设施。其实数字社区样式会影响人们对一个实际城市和社区的观感。所以我觉得将来我们的规划师和建筑设计师特别要去了解一下电脑游戏，因为电脑游戏对人们的美学观念、欣赏观念和风格观念的形成起着非常重要的作用。未来我们有更多的产品会借助虚拟的供应渠道来呈现。所以从总体上说，从信息传播到政治话语，再到商业供应，未来网络所占有的空间是越来越大的。我知道这个空间现在不在我们规划的范畴内，但实际上这个空间跟我们的线下规划空间是有某种关系的。比如说当电子商务充分发育的时候，线下店铺的需求量就会降低，但配送中心的需求量可能是要增加的，因此我们相应的商业功能规划就要调整。

四、新公共空间的需求

对新公共空间首先提出的要求是更加公共化——我们的公园、公家单位、校园还是太封闭了，它们参与了更多的私人单位把整个城市瓜分成小空间的潮流，现在要反其道而行之，把更多的专属空间公共化与民众化。同时，现在我们的公共空间太多都只是群众性文体活动场所。我们来看泰国和老挝，它们的公共空间里面什么东西是最重要的——庙宇。美国的公共空间中什么是最重要的——教会，欧洲也一样。所以公共空间非常重要的方面，就是使人们在这里面进行社区关系的建立、意见的交流，甚至能够形成社区的公共意见。我认为有一个方面的国际经验是特别值得我们今天在规划中借鉴的，那就是社区图书馆。我考察了多个社区图书馆，现在每个社区图书馆的基本样式是：一个是有图书，这个图书具有很强的社区价值，比如说办婚礼，社区图书馆有全部关于办婚礼的书，从婚纱的选择到婚礼的样式，所有的书、杂志都非常全；有专门的图书室是关于公共健康的，比如什么高血压、常见病这类的书非常多，比普通学校图书馆里多得多。二是社区图书馆里面有很多讲座，这个讲座也非常适合居民需要。社区图书馆一个新的发展就是儿童活动空间的增加。我们在公共空间的建设方面还要考虑给予更多社区工作与社会动员的机会与空间资源。

五、当代艺术的民主化

当代艺术有一个很重要的特点，就是看的人都会觉得这真的没有什么了不起，觉得我自己也能整出来。你可能有一个理解，作者也有一个理解，谁的理解都不能否定别人的理解，这也叫艺术的民主化。所以你会看到城市雕塑的发展很大一部分是来源于现代艺术的。比如两个叉子上面搞一个圈，这个到底说明什么呢？说明什么不重要，你理解的是什么就是什么。所以当代生活空间有一个很重要的特点就是开放性，能接纳不同的意见，这是现代艺术很重要的方面。还不仅仅是这样，其实当代艺术的价值在于，它对线条、色彩、结构、形状都进行了前所未有的探索，而且探索的丰富性程度比以前高得多，这种探索为从建筑样式到城市风貌的变化或者是规划提供了新的资源。现在全国城市对发展文化创意产业很热情，当代艺术对人在想象力和形象资源上的开发，以及对未来生动化形式的表现，提供了相当好的基础。

我们规划专业人员要很自然地关注这些东西，要经常去看艺术作品，开始没看明白，没看明白就继续看，看了以后就会稍微有一点点明白，看着看着就成了素养。

六、新城郊社区

我们今天能够买得起房子的人，还向往生活在中心城区，因为生活在郊区社区中不是交通不方便，就是商业服务不够方便。现在一些方面的发展，就是为了将来进一步支持郊区化的：第一是新的交通形式的发展，再有五至八年左右，城市之间以高速铁路连接，城市外围以轻轨连接，城市内部以地铁连接，这样的形态是目前很多大都市发展的基本形态。第二就是对商务服务设施的考虑，在规划时要考虑远郊如何设置规模的商务服务设施。在做新郊区规划时，随着将来对环保的考虑，将来对自行车道的建设可能要重新考虑。第三是郊区的社区规划也要实行功能错置，要使很多社会生活与工作的功能在本社区内就能完成，而不需要进行大规模的社区间交通。

七、绿色社区

应该说现在我们中国人包括城市居民的社区危机感和环境危机感是越来越强烈了。未来我们会高度重视环境基础建设，在整个社区中集中治理污染，集中治理大量的生活垃圾，还要建设新的能源供应系统。建设高生态水平的社区，需要我们在观念与技术应用上有更新的观念；对于我们做规划的干部来说，则需要掌握更多关于环境的新知识。有些知识可能还处在争议阶段，但是我们应该对这些前沿的知识有所了解，这样我们在未来规划中，在对相关方案的提出和选择时，才能有更好的把握。

八、均衡健康社区

四川灾区的残疾人人数是普通社区残疾人人数的二十倍，因此我们在灾区建设城市社区时，可能对无障碍设施的考虑就要比普通城市高得多。未来的社区建设和城市建设应该有许多需要重新考虑的地方，比如说城市中的自行车道，再比如鼓励更多的社会工作团体能够发展起来，给予更多社会工作团体以活动空间，让他们参与到帮助我们治疗在城市发展中遇到的各种各样的城市病和社会发展病。所以我觉得将来再过十年，我们在城市里应该能够看到这个是某某专门做环保的机构在我们这边设立的中心，那个是专门做心理关怀的社团，那边是做小孩子建设的社团，等等，使我们不只是看到政府的机关大楼，不只是看到做生意的大楼，还要能看到有很多做社会人文事业的组织的服务空间。

深圳的移民城市文化

我喜爱深圳，因为它是一个让我感到有"在路上"的感觉的城市，因为这个城市不属于任何特别的某个来源地的人，但又属于所有愿意进来的人；它没有很古老可传承的传统文化，但它有一股以自己的创新与拓展为核心的城市文化；它没有老街旧巷，但却有自己特有的万物皆新的氛围。有文化根底但只是来深圳游历的很多人把深圳看做是没有文化的地方，而很多觉得深圳有文化的人恰恰是创造或者参与创造深圳发展的人。

我 1992 年第一次来深圳，是来做全国最大的私营企业发展状况的调查，那个时候就接触了一批深圳的民营科技企业，对他们的干劲与干法留下了深刻的印象。直到今天，深圳是包括华为、康佳、创维、万科、华侨城、招商银行、平安、飞亚达、歌力思等一大批知名品牌与先进科技企业与现代服务企业的根据地，仅仅以新生品牌而论，深圳的地位在中国几乎无人能匹；深圳的城市规划体现了新兴城市的格局与格调，在这个城市，人们感受到的社区质量、绿化程度、道路质量与城市服务资源的配置模式很有自己超越传统中国城市的地方，但也不同于紧邻的香港；很多人关注了深圳的经济业绩，但是实际上深圳的行政管理体制之简、公益发展政策之宽松、社会工作服务之被重视也同样走在了全国的前列，很多人期待深圳作为中国公共体制改革的先锋城市，这也是完全不为过的；实际上深圳的媒体与文化也有自己的特点，从早期的"大家唱"到后来出名的市民大讲堂，深圳的市民文化有一种浓厚的参与风格与开放味道，而官味在这里则很少能表现得像内地城市那样强势。

深圳是一个打工文化盛行的城市，谁都可以用自己的表现证明自己的价值，同时深圳也是一个创业家文化充裕的地方，按南京市副市长王咏红的说法，"深圳作为一个创业城市的优势就是这个地方的骨子里都流着不安分的血"。深圳虽然流行着财富与梦想，但同时也是一个女性文化发达与粉色空间丰富的地方。深圳也会是让一些人感到遗憾的地方：没有太多的传统街坊文化，女性比例太高而不容易找到对象，几乎是广东唯一一个因房价变动而引起很多人争议的城市，没有太多的标志性的艺术文化，也没有很像样的高等院校。但是所有这些都不能遮蔽深圳的一种辉煌，那就是，在这里随时可能出现某些其他地方只能想、只能期待的新生事物，而且它们总是来得很快、很强、很亮丽，在最初的政策特权优势淡化之后，今天深圳创造的泉源与光荣开始越来越多地来源于深圳市民和他们的领导人。

城市软实力的关键

　　软实力的说法现在非常流行，中国人整道路、建筑、工厂的硬实力的能力应该说是世所公认的，但是如何建设城市软实力则非常值得探讨。由新华社《瞭望东方》杂志主办、"零点"调查参与实施的首届中国最有软实力城市的榜单在上海发布，除北京、上海这类直辖市以外，包括成都、长沙、西安、杭州、苏州、青岛、昆明、南京、大连等城市也榜上有名。这些城市均在不少方面形成了自己的特点：昆明以政务执行力为先导形成了很独特的政务文明，长沙成为当代中国文化产业的独特发育地，南京在探索最有吸引力的教育服务方面有其独特的成就，青岛致力打造有世界竞争力的商务气质，西安则在传统文化与新兴元素组合方面走在了前头。如果我们与世界上很多的城市比较，中国的这类城市的领导者在改变城市风貌、赋予城市以新的资源方面，比欧美的城市市长更有进取心与创造的企图心，比其他金砖国家的城市市长更有推动社会经济发展的主体感，比其他发展中国家的城市市长更有目标感与把握度。如果以十年为一个周期，那么我们就能看到中国的城市在创造城市新能量方面，比国际上的其他城市更有驱动能力。今天大家开始看到了像北京 798 与奥运村、长沙的湖南卫视、西安浐灞生态区、苏州的新公民教育、上海新天地世博园这类代表软实力的标志性成就。

城市软实力的建设可能包括以下六个方面的路径：一是与传统城市文化资源优势改造结合，发展城市的博览文化与市容风格，发展有文化特色的城市改造项目与文化发展项目；二是与包括研发、设计、娱乐产业功能发展结合，推动当代艺术、创意产业与具有创新性的新娱乐功能的发育；三是在追求国际化的过程中，逐渐形成融合多元文化但又各有特色的区域中心，比如苏州就更有大中华文化区的特色，而胶东半岛与辽东半岛城市与东北亚文化结合的特色更突出；四是提升政务文明，尤其是提升高效能的公共服务体系，加强对于政府以及对于公众需求的回应能力，使城市民生建设与社会保障模式有新的突破；五是形成有特点的生态环境建设特色，发展有竞争力的绿色城市；六是加强城市信息化、新教育模式、媒体与新媒体影响力方面的探索。城市软实力的建设也需要城市领导者的领导模式有相当的突破，城市领导者应有更好的管理视野与素养，需要有对城市资源的应用更富有创造力的愿景，在动员公众资源方面更有魄力与魅力。

解铃不能靠系铃人

中国的老话讲：解铃还需系铃人。但很多时候如果等系铃人想通了再去解铃，黄花菜都凉了；如果系铃的人很多的话，很多时候还互相推诿，谁也不想丢面子去做反悔的事情；很多事情开始系的铃经过种种过节变成了复杂的节，原来的系铃人用老思路可能反而解不开了。在以上任何一种情况下，我们都需要更好的第三者介入来帮助解决问题。德国通用资本集团的霍夫曼博士根据他本人介入国际冲突调解的丰富经验，提出解铃不能靠系铃人的说法，很有几分道理。我们中国的人民调解就是很重要的借助于非系铃人来帮助解铃的模式，只是今天我们的非系铃人资源很少，越来越多的问题依赖于系铃人自己去解决，而解铃的难度不是降低了，而是提高了。

某个周末，我观察到我一个美国朋友教会里面的小团契成员互相说出自己遇到的问题，分析这些问题可能的成因，并相约彼此代祷。在这个小团契里，主持人与活动者是自愿角色，但是很显然大家对别人的意见都有非常积极的反应与互动。因此非系铃人的解决模式的生效需要很重要的前提条件：一是非系铃人资源的发达，这需要我们的体制与社会容忍与赞许更多的社会服务、社会动员与社会支持机制的发展，赞许那些为他人的事情而张罗的人，当我们有了更多有人缘、有威信、有经验的公共角色时，他们解决解铃的事务就更有意义了；二是加大在公共解铃方式上的投入，总结相关的经验教训，增加人们接受第三者解铃的兴趣与信心，如果第一条是对于更多的社会积极分子与 NGO 社团法人发展的支持，那么这里则需要更多的 NGO 财团法人的支持，当然包括政府基金的支持；三是给予解铃者以荣耀与社会地位，其实我们中国传统社会中的道德权威是自然形成的，他们因为自己的学识与社会帮助而赢得了人们的信任与尊敬，我们今天同样应该给予那些热心解铃者以机会和必要的社区认可，让大家从小处、从小的时候就知道社会服务的价值与光荣，让社区与普通人群有机会认可与表彰那些为我们张罗事情的人，慢慢地就会有更多当我们出了问题而需要解铃的时候会自然想到的人。其实任何一种社会互动都是一种社会技能，我们可以在使用中学习，在学习后尝试，慢慢的我们自己也可以具备很多能力，同时也可以看到其他人也从中被赋予了很多能力。自给自足、自助自解也许不算是什么坏事，但是社会之所以为社会，就是因为社会是群体互动的，哪怕给人以解铃的机会都是一种培养社会关系、显示社会信任、增加社会团结的机会。

创造有机的商业社区

很多地方的经济区都重视改善投资环境，希望能找到好的投资者，这个动机很好，但其实这不是唯一的目的。改善投资环境需要解决如下至为关键的问题：参照谁的标准？最终达到怎样的要求？由谁决定那些柔性环境因素的调整与进化？所有这些问题都指向一个方向：进入我们经济发展区的投资者不只是一些抽象的概念，他们是由活生生的董事会成员和经理层与企业员工构成的组织，同时在一个特定的社区中，这些组织又进一步共同形成一个具有新结构的社区组织，但这些组织在这个特定社区内的感觉好不好，在很大程度上取决于客观的社区建设是否符合他们主观的期望。

有机社区在居住社区中并不是一个新概念，但是在商业界，有机社区意味着什么呢？它意味着进入一个社区的企业具有自然的产业层次的一致性、关联性与可沟通性；意味着企业对于社区的服务要素及其管理模式有相当的发言权；意味着企业的高层管理者、功能管理层与一般员工均能在这个社区中分别找到某些符合自己需要的服务功能。社区的有机性正是非常形象地指出了这个社区成员之间的兼容性、参与性与般配性。对于我们大部分的经济功能区来说，实际上就是把传统上我们熟悉的招商引资工作转化为规划性更明确的选商引资、助商安资、因商改制，并逐步发展成为内部产业联接性更强、区内服务资源配置更有针对性、管理服务机制更加满足商业群体需要的有机社区。要做到这一点，就要求我们对于我们期待的投资者和符合我们社区核心发展方向的投资者的需求与想法有细致、深入的了解，同时还要帮助整个社区内的投资者加强相互的沟通与了解，并提供服务以帮助投资者进行符合其商业模式需要的服务构建与招商引资工作。

最近"零点"与美国百人会有个协作性的对照调查，其中一个问题是：如果美国投资者到中国投资的话，其最大的顾虑是什么？结果显示，掌握资源者滥权腐败排在最突出的位置，然后是针对行政程序烦琐、知识产权保护、管理文化差异、法律救济渠道、信息咨询服务等事项；相对而言，内资投资者对烦琐行政程序与缺乏有效法律救济渠道的顾虑更甚。这能给我们一些有意义的启发，那就是在我们现在注重了有效提高行政服务程序之外，对于投资者来说高效公正的司法救济体系更加具有指标意义；同时与国际服务理念接轨的高水准咨询信息中介服务也非常重要。从调查结果也可以看到，不同投资群体的需求也有差异，因此在商业社区建设的时候，除了寻求需求共性之外，还要探测群体的特殊需要，并构想策略性的解决方案。在《天津商务白皮书》中，很细致地研究了天津现有投资者对于天津商务投资环境的感受，这就为建设有机性程度更高的商务环境提供了很好的依据。

天津投资者群体整体水平相当高，同时天津未来商务发展的战略目标也越来越清晰，天津投资环境管理者对于区内投资者的需要与期待也一直非常重视；但是在新的发展阶段，天津需要跳出现有的工作成就框架，要能够在全球化的架构下建立与更多的理想投资者之间的直接与常规对话机制，了解更多的潜在投资者的想法与期待，同时改进现有投资企业各层人员参与社区建设的发言机制与决策参与机制（而不只是把他们作为一些管理对象与服务对象），发挥已有优质投资者在投资发展上的内涵带动与外延滚动作用。在这个意义上，白皮书是天津商务环境建设者重视投资者意志与需要的标志性文献之一，也是探索、反映、重视与发挥投资者需求导向作用的系列工作之一，还是建设高度有机的天津商务环境的努力之一。这样的工作值得我们所有的人给予支持。

社区建个图书馆

在去年的《零点公共服务指数报告》中我们有一个很具体的发现，就是现在的城市公众对新建设的社区缺乏公共图书馆不满，且实际上对所谓社区会所类的服务设施并没有多大兴趣。

如果我们的社区有个社区图书馆，那会有什么作用呢？其一，它可以扮演小众聚会场所——咖啡茶座、社区讲座、社区工作办公空间；其二，它可以提供周到的社区知识信息——从高血压等慢性病患者的知识书籍，到西式婚礼手册，从育儿手册到房子的装修宝典，应有尽有；其三，图书馆还可以成为在家无事的人消磨时间、而在书架上消遣的地方，就如同很多书店现在所具有的一个功能一样，一个社区要是多一些在书架前逗留的成人与孩子，社区的风尚应多少可以改善；其四，社区图书馆可以自然地作为社区教育中心，可以成为各种训练班、各种社区公共活动的中心，可以接纳志愿者去做一些义务工作，这比单独设置的社区活动中心要好，因为只有图书馆是一种常备的功能，可以承载其他间或必需的社区活动，反之则不然，这也是为何许多青少年活动中心、社区服务中心、文化馆、文化宫最后沦为酒吧、餐厅与夜总会租用空间的重要原因。所以每个社区建一个社区图书馆是一件所费有限但所用甚大的事情。

中国人缺乏公共空间，因此人们就把家庭装修做得很好，出了走廊就没有对其他事物关心、在意的意识了。而在我们的社区里面，社区社会工作、社区积极分子、社区趣味空间、社区活动都很少。今天人们虽然居住在一个社区中，

重民时代——岳岳社会管理新思路

但是没有形成社区的公共意见，也很少有大家认知与认同的社区人物，因此社区就成了一个简单的寄居空间，我们的孩子自小就没有机会发育所谓的公共意识。在西方社会中，至少有教会这样的地方多少可以使人们有机会维护与发展公共感，我想也许社区图书馆多少可以发挥一点这样的作用。当然，社区图书馆需要开发商在进行建设的时候就有这个考虑。要想真正管好社区图书馆也不是很容易，需要把它当做一件事情来好好琢磨、设计、探索、提升。至少我是很希望在我居住的社区有一个社区图书馆的。

武汉能做到　其他城市呢

散步在武汉市汉口区的江滩公园，非常钦佩武汉市政府在建设一块有如此长度、宽度且公开免费的公共空间上所表现出的魄力与投入。在江滩公园里，宽阔但不失有致的行道、多块活动模块及延伸出去的绿野草滩，融活动与景致于一体。在这里，许多人放松而悠闲地走动，有不少人在学习与表演滑板，有些人在弹乐器，有些人在放风筝，许多人坐着聊天，江边还有钓鱼的人，这里似乎比较少见随地吐痰、衣衫不整、垃圾处处的景象。我想这其中有不少是管理之功，同时也与公共空间的规模和功能设计有关。

在现在各地市民厌烦的城市风气中，随地吐痰、乱贴小广告、上公共汽车乱挤等都在其中，说明推动城市文明化的社会心理动力是存在的。"零点"过去做过的一次吐痰人口调查显示，人们减少吐痰习惯的一个很重要的原因是发现自己脚前的地面太干净，他们会转去寻找角落、痰井或者用纸包痰。网络空间文明化的呼吁也非常强烈。我觉得这种文明呼吁固然有加强管制的成分，但这更为虚拟，且与实际世界中公共空间设置的模式及其相关的环境因素有关。我自己开博客就有一个感受，经常有些言语不太让自己舒服的朋友来访，但如果博主能宽容和得体地对应，保留其言语空间，结合其他博友自然而合理的反应，那么在一定时间之后，大半的这类朋友也能转化为友好的访问者或者离去。

因此，我感到问题的关键在于公共空间设置上的几个要素：其一，公共空间的规模。公共空间一定要够大够敞亮，让大家有一个可以欣赏、走动，把话语与能耐摆至桌面上的地方，在这样宽敞的空间中，少数人阴暗心理的表现机会本身就自然会受到压缩，所以我们一定要对居住小区、城市社区的人们捍卫与追求拥有社区足够公共空间的权利给予支持；而在公共空间功能方面，在现在实际空间有限的情况下，网络公共空间做出的贡献是无可比拟的。其二，公共空间的开放性。一些社区把本身按公共空间设计的设施都商业性地转租出去，为少数人利用或营利性利用；连公共走廊的宁静权也被物业让渡给了某些企业的视觉广告设备；而许多城市的公园、博物馆、文化宫都多多少少地收上了门票，甚至在里面做起了各种各样的生意，使人有公共空间的不公之感，营利性与独立性极大地约束了公共空间的可利用性，从而使人们大量郁集在私人空间中，其公共交往及公共心理均较少得到尝试、体验、操练与实践的机会。其三，公共空间不仅仅只是物理上的意义，同时还需要透过更多的社会工作、社会实践及经验丰富的社会动员，使其通过带动一定范围的群众参与，营造出自然的主流文化及制约违反公德的社会能力，因为公德本身就很难单纯依靠管制式的权力来加以维护，况且单独依靠这种管制反过来又会损害公共空间中的沟通气氛和自治能力。因此，公共空间的文明具有非常强的在多元文化基础上的成长性、对话性和沟通性的特点，这是一种在相互学习、质证甚至抗辩，但却又是公开公平、共同在场的条件下形成的人际平衡能力，这种能力可谓之"文化"，这就完全有异于简单依靠管制而形成的"武化"。

因此，多元公共空间文明建设的第一步是我们要充分重视具有公共空间性质的社会性（而非经济性）基础设施的投入与建设；第二步则是对基于社会工作的社会动员活动的价值给予充分的认可与支持；第三步是让那些真正有民众参与、认可、推崇和享受的公共空间范本成为更多社区管理者、社会工作者学习的榜样。公共文明之"文"代表人文中自然存在的多样差异和丰富，也代表不以强制为核心的教化沟通风格；而文明之"明"则代表开放社会、摆在明处、公开沟通而形成公共意见和公共立场的能力。如果公共空间中的大部分问题能够以此为原则来加以认识和对待，那么这种对待本身就有助于身处公共空间的人们得到文明做派的熏陶而逐渐形成文明的素养。

让社区积极分子出头

最近，一些城市的居委会开始民选居委会负责人，社区居民有机会直接投票选择与他们日常生活最切近的公共管理者。几年以前，我曾负责进行关于社区管理的一项实验性工作，其中的关键经验可以为居委会选举工作借鉴：

第一，需要有吻合社区成员需要的社区活动。社区成员在社区卫生、职业爱好、孩子活动、社会治安、卫生健康等方面存在着共同的需要，因此就要在社区组织中有一定的社会活动，营造活泼的人际关系，这是培养社区积极分子的重要渠道。在活动过程中，不认识的社区成员渐渐成为熟悉的社区成员，并且开始具备从互相打招呼到持续参加活动的约束力与热情。

第二，需要有以社区事务为中心的社区媒体。以报道社区事务、人物为中心的社区媒体扮演着社区内部沟通的角色，这既可以是纸张的，也可以是电子网络的，这些媒体可以积极介入到对社区活动的动员报道和评价过程中。

第三，需要有公众人物。"零点"进行的社区实验表明，新型的、持续的社区活动的展开需要一定的外部社会工作者的介入，在社区活动展开的过程中，使更多社区内的积极分子产生，这些积极分子将会以年轻人为核心，而过去一般大家认为的老年社区积极分子将主要演变为积极支持分子而非积极行动者。在有了新的服务型社区公共人物产生的情况下，选举才有了实质性的意义。那些没有新型服务型公众人物的选举，多半也是形式性的，选来选去还是原来那几个人。

第四，需要产生社区民意或社区公共意见。不是所有人的意见加在一起就是民意，而是大家都能把自己的意见说出来，被其他人听到，进行讨论，达成共识或者大家认识到的歧义，那才是民意。透过社区活动、社区媒体与社区讨论，居住在一个地方的人开始就特定问题具备表达、讨论、达成共识并计划行动的能力，这个时候，民意就有了行动的力量，社区居民也就有了选择社区管理者的能力。

一些居民因参加一些活动而成为互相认识的群体，实际上任何一个地方只有一部分人是愿意积极张罗与积极参与社会活动的（1%~5%），但恰恰是这少部分人驱动了社区团结的形成，正如少数几个扣子使一件衣服可以穿起来一样，当有了这些积极分子，社区其他成员就有了尝试、观望或偶尔参与的机会与可能性。我把这样一个过程称为由"细碎团结"出发，经由"社会团结扣"，而达到"社区和谐"的目标。

6 手段——服务至上

为新公共服务时代预备

在"服务型政府"下，政府了解民意和民众表达民意的需求均越来越强烈，在此方面，独立民调机构的优势在于：中立性，以及由此带来的在民调信息采集时的客观性和结果公布后的较高的公众信任度。民调机构的调查结果，包括一系列社会发展性指标，如消费信心指数、社会治安安全感、生活满意度、幸福感、政府管理信心指数等；医疗、教育、就业、社保、环保等重点民生问题；政府工作评估和政府公职人员表现评估，等等，均是老百姓的真实感受，并与公众生活息息相关。有些指数结果已经经过了相当长时间的多期积累，这些持续性的数据收集和整理工作是对我们公共生活来说不可或缺的社会财富的积累。

以前有些领导声称自己代表公众，而现在即便普通老百姓也不敢说自己真的就能代表公众，因为公众不仅开始发出自己的声音，而且不同个体的声音与需求非常不同，甚至截然相反。在人们可以通过网络、民意调查、人大会议或者其他途径发出越来越多声音的时代，我们既要习惯于听到不同意见和对于同一事物的不同解读，更要习惯于这些不同意见的表达与沟通所需要的漫长过程。从一定程度上来说，我们

重民时代——京岳社会管理新思路

要有耐心去适应这种因公共化而带来的新的做事节奏——拆迁不能再那么快，立法要有更多事前征询，公共机关学会服务不能光靠号召与标榜，而需要更多的能力建设，需要接受更为公众认同的服务标准。我们深入民间就会看到更多在主张与感受上的差别，有差别不要紧，重要的是我们需要明白不同政策选择之后会产生的公众后果，这样我们就因此可以有所选择，有所预期。

如果把一些政府招标标准、过程、成效公开的话，就会发现有很多不符合招标资格、做标及不合招标承诺的项目成效等现象。没有公开透明，就可能产生蒙蔽。关着门，我们有一种自我交代的方式，但公共政策与公共措施要给大家一个公开的交代，那么就可能有不同的方式，今天的政务有很多不公开的部分并不是真的有保密的需要，而是如果公开的话，实在是连自己也觉得不好看。由此可见，变革的压力太大了。

面临公众压力与变革的需要，有些领导与机构选择了编造数据与保密，有些领导与机构选择了创新与变革，后者为求取新知、跨越专业界限、提供更多人的参与机会提供了新动力。我们可以注意到，越是革新进步的地方，学习的动力也会越强，领导的风格也会越开明，同时来自于民间的调查数据也就越能很敏感清晰地反映出他们的成绩。有人说群众的眼睛是雪亮的，也有人觉得群众是好糊弄的，其实从大多数意义上说，群众心里是很明白的，如果公众之事做到了千夫所指的程度，那么其中必有猫腻；而同样一件事虽不见得被领导看到，但民众极为认同，那么这件事也必然是在揣摩公众需要方面花出了常人所没有的努力。在利益与需求日益公众化的时代，我们需要更多的公众政治家，而随着民主进程的进一步发展，民众介入公共话题的能力、介入民意调查的积极性均会越来越高，并且会越来越习惯。

动员社会力量做好职工社会服务

传统上，我们的工会组织往往使用两个途径服务于职工：一是工会的工作系统与工会干部，二是职工的自我服务。这两个途径很重要，也很有意义。但是如果总是只从这两个方面做社会服务工作，那么社会服务工作就会慢慢地封闭化与特殊利益集团化，而且不仅仅在工作思路上比较僵化，也会在与其他社会群体交往上显得有明显的利益分野。从职工社会服务创新的角度来说，还应该动员更多的社会力量来做职工的社会服务与社会工作，从而极大地丰富职工社会服务的内容。

有这样几个方面的力量可以很好地用来从事职工服务的创新：一是积极吸引与鼓励社会工作者与社会公益组织从事

与职工服务相关的社会工作与公益活动，这为日益发展的专业公益组织提供了一个很好的合作与贡献的机会；二是积极发展各类社会群体志愿者服务于职工群体的模式，提供项目机会与服务参与资源，推动服务职工的常规性社会志愿活动的发育；三是积极利用大学生公益创业与社会工作专业大学生的专业实习机会，引导更多的青年公益人才乐于把服务职工作为自己的优先服务方向，训练与造就出一大批有良好素质又对服务于职工有兴趣的青年专业社会服务人才；四是引导更多的社会公益资源包括财务资源、能力建设资源、媒体资源关注职工社会服务。

动员社会力量做好职工社会服务的基本精神是在原有的专门系统工作的基础上，加强开放式的社会化服务模式。这一模式要求能更好地建设社会服务的价值链，以项目管理的方式来聚集资源、汇拢服务资源、体现项目成效、评估项目价值。因此，应建立以社会性的慈善公益基金会为基础的资助平台，积极建立公益性职工社会服务的公益伙伴网络，形成系统的公益性社会服务的能力建设计划，加强开放式职工社会服务的国内外经验交流，有规划地列出当前本地区职工社会服务的重点领域与方向，发布服务需求信息，资助来自社会各方面的力量开发与实施有创新性的职工社会服务项目，并积极推广有积极意义的好经验与好案例，让工会系统成为开放式社会服务的典范。以上这些方面也非常值得在妇女发展、儿童与青年发展、残疾人事业等很多领域为大家去效仿。丰富多彩的开放式职工服务模式也可比职工社会服务具有更强的社会关注度。在此基础上，进一步推动更多的职工群体服务于其他社会群体的社会服务工作与社会公益工作，从而在以往工作的基础上，形成互动型社会服务的新局面。

公共服务应加大外包

中国政府是大政府的模式，管的事情特别的多，从出生时的准生证到死亡时的强制火化，从经济文化到体育科技，这些全是政府管的范畴，就是搞了村庄选举的农村，严格地说，我们的村干部也是村官，因为政府是资源的核心拥有者，没有政府的支持，你的自治就根本没法实现。在面临经济危机的时候，政府的职能与资源控制能力进一步加强，从某种程度上说，是政府能力扩展的时机。在这样的逻辑下，如果我们政府自己来包办这些职能，那么我们的政府就还要进一步扩大，我们的公务员队伍就还需要进一步扩充，我们的税收规模就还要进一步增大。我们很多地方政府部门都开通了很多部门工作热线，但实际上只有很少的热线长期维护得很好；很多政府部门办了很大的研究机构，其实大量的事业性研究机构最后都成了半死不活的养人机构；政府也说促进创业与就业，但是这个领域也恰恰是民众依然诟病的地方，真正有效的解决方案恰恰是由更多中小民营企业提供的；即使像一些公办的社会福利机构、医疗机构和教育机构，要说脱离官僚气息而有生动的服务能力，那真的还是非常少见。历来的经验表明，行政化机制在提供服务的丰富性、针对性、创新性方面一向是非常有限的，服务型政府的建成不大可能简单依赖于政府本身来转变成顾客取向型的常规服务机构，而是需要政府用更为创造性的方法去整合、培植、扩展与推动社会性的服务资源。

目前根据"零点"的调查结果，中国公众对政府工作的评价结果是，对中央政府评价最好，然后依次是省、市、县、乡镇政府。有个民间的说法是，"中央是圣人、省里是好人、市里是牛人、县里是坏人、乡村是仇人"，越是从事相对政府层面工作的机构，民众的正面评价越高；越是从事具体服务与执法的部门，正面评价越低；越是做具体工作的层级与部门，越是受到公众的恶评，这说明从服务端角度来看，公共管理服务型目标的实现面临着巨大的挑战。所以需要进行一些基础的观念调整：一是把公共服务资源明确地向社会开放，让丰富的社会资源拥有者朝着机会培养与提升自己的服务的方向努力，尤其是让更多的社会资本、民间资本投入到公共服务领域，使更多的公益组织与专业的企业型服务机构进入这一领域；二是有公开而竞争性的选择程序；三是对作为公共服务分包商的执行机构的分包项目执行及其执行成效进行评估监控；四是在优化公共服务能力的基础上优化相关公共政策与公共服务思路。如此，逐渐培养出丰富有效的社会化公共服务分包队伍，完善公开透明的政府采购流程，把相关主管部门建设成精干、高效、清廉的公共服务引导与监控机构。

我们一向的观念是民间可以做生意，但是不可以做公共服务，虽然中国的公共管理核心职能由政府掌握着，但是可以把民间资源动员起来做非常具体的公共管理政策下的服务工作——呼叫、机构管理、福利项目、新技术研发、公共组织形象推广、政策研究、人力资源能力建设，等等。当有这样的机会时，社会资源就有了流动的去向，开始的时候还是会有不成熟与短缺的问题，但假以时日就可能产生出非常有经验与特殊能力的专业服务机构。我曾经受美国国务院的国际访问者项目之邀去美国访问，发现那里有类似这样一个政府项目是外包给社会机构来执行的，因为你可以想象一个政府官员怎么也不可能像专业的陪同服务机构那样做得那么专业、亲和。20世纪60年代，美国政府甚至把所有的政府研究机构都完全民营化，然后把政策研究几乎全部外包。我们今天的公共服务外包已经有了一点小小的起步，但还处在大发展的前沿。

从满意度到改进度

今天即使西部的很多政府也建立了让公众来评价政府工作的主管部门与专门工作机制：评价热线、党报读者调查、网络调查、电话调查、座谈会调查，等等，有一些前卫的党政部门已经开始委托像"零点"这样的专业机构来提供服务。把消费者满意度概念运用到公共服务中的公众满意度上，对于促使公共管理部门形成服务型理念与行为模式是有帮助的，因为最重要的是改变了压力来源。"零点"在过去持续 8~10 年中提供公共服务指数研究，也在大量的各地政府部门中实践对应公共服务满意度的研究，在推动形成效率提升与改进公共服务质量方面是有显著成效的，在很大层面上，今天的公众评价正在变成常规，服务注重公众感受开始变成一个基本观念，现在让老百姓评价政府不再是犯忌的事情了。通过多年的公共服务指数调查，很多的地方政府部门比较容易知道自己的表现所处的位置。服务型政府以前也许是一个口号，但现在我们可以用很明确的指标、常数来对服务的水平、强弱点进行跟踪与分析，这样，公共服务及其质量更加可定义、可度量、可控制。

如果我们把城市管理部门的现场执法行为拍摄成短片，

让城管人员自己看看自己的行为表现，然后与规范的执法行为模式对比，那么这种情景性监测与研究就可以有效地提出问题，同时提供解决问题的启发。但是不是到此就为止了呢？满意度的检验使得我们能够发现很多问题，使我们受到刺激与警醒，但是满意度也正如体检一样，虽然能帮助诊断与发现我们的进步与问题症结，激励我们重视问题与寻求一些显而易见的公众期待的解决方案，但是对于很多深层的问题，满意度本身以及公众本身并不能直接提供所有的或者富有创意的解决方案。满意度调查只能描述问题，甚至也能确定诸多问题解决的先后顺序；但是这些问题的解决需要更多的标杆经验、对于其他领域经验的有效借鉴、富有新意的风暴激发与开发性研究、服务对象与方法论专家的协调性行动研究，在这样的基础上研究出预案，进行必要的控制性实验，然后总结经验与教训，在改进的基础上推广。这后半段的工作意味着，我们今天的公共管理需要走出在机关里面闭门造车与文山会海的模式，需要在与外部咨询机构合作、与服务对象交流方面走出重大的新步子，把信息收集方式的革新进一步扩展到决策与行为管理模式和监控与持续改进上来，也就是说，公共服务的改进不应该只依靠内部机制，而应该广泛动员社会资源与社会服务机制，否则，非此公共管理与服务的创新与进化就很难跟上社会进步的节奏。

院长左右着医院的水平

国家关于医药卫生体制改革的意见正式出来了，正式意见与征求意见稿相比，目标比较清晰、措施比较具体、路径比较弹性、语言比较通俗，可见公开征求意见与媒体评论还是起到了一定作用。作为正式的政策文件出来后，我想下一步就应该在规划细化的执行措施与行动策略上下更大的功夫，从而使这次改革的动机与构想能够得到很好的实现。我们把医疗服务的很多问题归咎于体制，但在现在体制改革思路比较明确的时候其实我们要明白，有很大一部分不只是因为宏观体制，而是因为在微观管理模式与管理者角色方面存在着很多问题，其中一个非常突出的问题就是医院院长的管理水平与医院管理的基本方式。

在很多医院中，院长基本上是优秀的医疗业务专家，他们长于手术、长于科研、长于某一领域的专业知识，但是他们并不长于整合与协调资源、不长于协调与管理成批的专家、不长于确保组织的短中长期目标的拟定与实现、不长于在所负责的社会环境中平衡医院的专业目标与社会行动目标。而医院本身由于是高度的智力与专业服务型组织，面对大量顾客，是医药利益集团的重点工作对象，也是诸多社会关系期待进行资源利用的对象，还是很多社会舆论指向的对象；同时，实际上专家型的人才成为管理者之后，他们的专业爱好与事务管理兴趣之间存在冲突，他们的专业水平维持与对于资源掌控的兴趣之间存在冲突，他们的业务知识体系与管理知识体系之间存在反差，他们的医患训练素质与他们与多方社会关系的沟通技能之间存在反差。除此之外，我们今天的医院有组织文化吗？有团队成长计划吗？有自己清晰的发展战略与有机的发展能力吗？回答很难是肯定的。事实上，作为医院院长，他们要么就得不到充分的关于医院管理的现代化训练，要么他们得到的就是由相关行政部门进行的那种训练，接受很难看出成效甚至不合事宜的所谓培训。在我所接触的范围内，在目前的医院院长甚至很多著名的医院院长中，很少见到哪位是显著与独特的管理长才。

我个人觉得医院院长应该是懂业务的，但却不必定需要是业务尖子，医院院长应有更加明确的战略目标，并以此动员团队行动，医院院长的社会资本意识与社会交往能力应该非常突出，医院院长应该长于争取社会资源并用创新的方法发展出本院的核心竞争力，医院院长也应该善于协调、沟通与处理复杂的利益纠纷，医院院长还应该善于容纳人才，并为更优秀的业务尖子创造更好的工作条件与环境。院长应该向企业家学习，向先进的公共管理者学习，向国内外先进的同行学习，因此我建议应该给医院院长开设包括公共管理、组织管理与服务管理、公共卫生政策、医院管理最佳实践、服务营销与社会动员的组合内容的实践型训练项目，类似于EMBA 和 EMPA 的 EMMM（Executive Master of Medicare Management）项目。同时非常重要的是，要让更多的人意识到，医院院长队伍是了解医疗、药物、卫生业务的专业管理人才队伍，是具有较强的公益服务理念的管理专才队伍，而不是简单的医药专业人才的行政化队伍，因此而形成了对于医院院长的专业人才库概念，并形成针对医院院长的社会流动聘用分布机制。

现有的医院院长在总体上离这个目标还有很大的距离，这不仅仅是因为在医院院长的领域长期以来普遍使用业务人才递升的模式，同时也因为现在大多数医院仍然是国有事业单位的模式，这类组织无论在组织动力与服务提升机制上尚落后于国有企业，而且即使是那些民营的医院，也普遍由投资者直接控制或者进行简单的利润导向，因此即使我们对于医院院长人才形成了更加明确的管理取向的意识，我们仍需要在国家医药卫生管理体制基本方向明确的基础上，对每个特定医院的治理机制，院长职能、权限与激励监督机制有更加具有创新性的规划。理想地说，我们可能会有不同特色的医院管理模式，我们也可能会形成具有不同管理特性的医院管理专家，但是我们可以肯定，直到我们有了成规模的有管理创意、有管理激情、有管理责任感的医院院长群体，我们今天规划的所有医药卫生管理体制改革的构想的落地才有了可指望的基础运行资源。

大学，少花点钱建楼

一个大学的朋友跟我吹他们大学又要建设一个新学院，政府已经批了几百亩地，大楼很快就要造起来了。又有一个大学的朋友要请我帮忙给他义务做点课题数据，可是只有区区的一点点钱，连我们实地工作成本的一个零头也没有。在我这么多年接触的各类学术研究课题中，中国大学学者的研究项目所得到的资助费用连很多美国、新加坡和中国香港的同类研究得到的资助费用的尾数都没有，但是我们同样的学校新造楼费用的零头可能比他们国外所在的大学总的新造楼费用还要多。我们的大学太像房地产开发商了，而太不像智力开发商和学术开发者了。

仅仅针对社会科学与人文领域，我们很多人责怪中国没有系统的各类疾患儿童的数据，缺少对于昆虫学的研究，文物的开发型研究也少得非常可怜，各类政策研究如果不是政府有专项需要，学者也很难开展独立的研究，私募基金干得多但研究得少，很多时候，我们的判断与领导的说法都是随意的想法，而缺乏坚实的信息支持。我们培养了那么多博士与博导，实在地说，要出点真实、有价值的研究成果几乎是不可能的，因为即使是很小的实证研究与系统一点的定性研究，20~30万元人民币是起码的预算需要，而对于很多全国性的疾病、社会问题、对策性研究，100万元左右人民币的预算也不算很大，但是我们国家级的社会科学研究项目也就是6万元人民币，很多政府招标的所谓重大政策课题的研究费用也就是两三万到十多万的数字，这也就决定了最后很难得到系统的研究成果，而只能是一些格式的说法与个人的灵感。我们节省下来一座政府的土木建筑，就可以很好地改变我们所统治的上层建筑，我们节省一点新造的楼盘，就可以增加一些高质量的教学研究人员。在高档的楼与低质量的学术研究对应于普通的楼但是高质量的学术研究之间，我们现在的体制是选择前者，难道我们还要一如既往地选择前者吗？我们有那么好的大学楼，但是我们有太多例行公事、有气无力、照本宣科、制造无用学术垃圾的老师，对于这样的地方来说，能有校长、博导、博士生、硕士生去花时间做改头换面的抄袭已经不错了，难道现在他们得到的学术支持不就是那么一点仅能支持他们抄袭的经费吗？一个大学的基建处的预算难道不是比科研处的预算大得多吗？一个大学的基建处长的收入难道不是比科研处长肥得多吗？我相信大学树立自己良好的学术形象一定是比树立自己的建筑形象难得多的，而当把资源与精力的重点放在塑造建筑形象的时候，我可以大致地说，虽然不能说楼好的学校水平一定差，但是经常造新楼与新楼造得最多的学校，通常不会是学术意义上的好大学。

构建小病防线

医疗保障的重要性不言而喻，医疗问题的公众关注度也持续高企。从表象上来看，今天老百姓遇到的问题是看病难和看不起病，尤其是看大病找大医院难和看大病太贵付不起大病的钱，说到因病致贫的情形，其实更确切地说是因大病致贫。这也是为什么最后把医疗问题整顿的核心就放到了能看大病的医院与控制药价，把医疗保障问题的关键放在了大病保障上。其实医疗难题的关键是我们瓦解了或者没有有效地建立起小病防线，以致于我们在讨论大病防线的时候，纵然我们知道这是一个问题，但其结果必然是因资源不足以应付需求压力而难以真正解决问题。问题的核心在于小病保障。

小病保障由三个部分构成：第一，早期健康知识传播。对于许多普通市民或乡村居民来说，普遍缺乏营养平衡、健康环境、身体适度使用、典型疾病的早期表现等知识，而且也很少有社区机构、社会工作者提供这些方面的帮助，因此存在着用极其个人的、朴素的、主观的判断来看待自己健康问题的状况。第二，早期检查与早期发现。普遍缺乏体检与早期健康关怀意识，因此大部分疾病均在过了潜伏及不显著的早期之后，因患者有了明显的不适感而被发现，即使到了这个阶段，仍然有不少民众甚至因害怕知道病情真相而拒绝检查。第三，早期治疗。在还是小病的时候，许多市民与村民都自己扛着或者自己拿点非处方药吃吃，直到扛不住了演变成严重的病症才去找大夫看。实际上在疾病早期的时候，医疗费用真正难以承受的情况还是很少的，而在小病阶段缺乏防线，使更多的人最终汇集到大病防线上去，这个时候无论就医能力还是医疗能力都必然到了超负荷的程度，由于资源不足，不管采取什么措施，医患两边必有一边不满或者两边均有不满之声。

公共医疗卫生政策的小病防线可能、但不限于下面几个可由公共资源着力之处：其一较快扩展公共环卫设施，更新城郊及部分乡村居民集中点的环境卫生设施，减少疾病源；其二推动社区健康卫生动员工作，推动社会工作在公共健康知识有效传播中的发展；其三鼓励发展带有连锁特性的社区与乡村医疗服务机构，将大规模的小病患者的常规治疗承担起来，允许商业力量、专业资源介入，以连锁管理方式保障其品质，发展其品牌声望，并给予必要的政策支持；其四在城乡社区医疗机构最低限度的小病治疗的基础上发展其分诊咨询功能，从而使大、中医疗机构拥有合理的患者流量。

政府目前提出的重视社区医疗与建设农村合作医疗体系的构想已经在朝这个方向努力，但对战略性的小病防线的政策高度似乎强调得不够，对其作为系统工作的延伸面的设计也不够周全，且在操作层面上显著欠缺有效的策略思想，这也是我们现在对部分城市社区医疗机构半死不活状态的一个共同感受。如果我们站在战略性小病防线的角度，那么公共卫生管理机构与公共卫生服务行业就有必要重新审视与认真解决一下这个问题了。

从有学位无学历说起

在清华做 MPA（公共管理硕士）答辩委员会委员的时候，才知道 MPA 是有专业学位证书却并没有学历证书的学生。最近遇到几个法院的师弟师妹，知道他们从一些法学院上了研究生学位班，挣到了学位，但校方也说这个是没有学历证书的。其实在我以前在学校正规地获得两个证书的时候，我已经觉得这是多此一举的事情了，简直就是相当于"放屁证书"（结果——学位证书）+"脱裤子证书"（过程——学历证书）。

在我们国家，教学与公共卫生是两个旧思想、旧观念、旧体制、旧做法、旧框框、旧模式最多的地方。因此大至发展战略，中至运作策略，小至一个微观组织的管理，均落后于时代很大一部分，学位与学历证书这种无聊的双重体制只是其中之一而已。以战略而论，国家拿那么多的财力去投入市场需求不对路的高等教育而弱化了市场需求迫切的职业教育就是一个显例；以中观策略而论，从上到下滥设无事可为的疾病控制中心（CDC）以致于无所事事也是一个显例；以战术和微观而论，包括北京多家顶级医院在内的医疗机构居然都是亏损运行，实在让我跌破眼镜。

当然，教育、卫生这样的公用事业，面对资源少、需求多，需求市场化、而供应计划化的窘境，谁来做都不容易。但是在我前面举到的显例中，这显然也是主管部门做事水平与认识水平的差异。其实在这两个部门，老旧的做法比比皆是，里里外外说是非的人也不少，但是去做点任何的改动却都觉得无能为力，这既是主管者管理思路的问题，同时也是在这样的体系内，传统利益集团过于强势，因此非需要更为有力的革命性改革不可。现在许多相关改革提案直指医院、学校，实际上我以为，改革的首要目标恰是卫生与教育两大主管部门及其首要管理者的政策与管理思路，是关于公共卫生与教育的基本政策取向，而不是它们的下属单位。

7 新业——公益新模样

迎接公益转型时代

当曹德旺与陈发树跟进办公益基金，当王石与郭广昌们开始把他们参与的公益整得非常像模像样，当时尚芭莎的明星公益夜的捐款达到 3800 万元的新纪录，这些都预示着公益正在成为中国政治家、企业家和艺术家们的新热门话题。原因很简单，对于政治家来说，日益尖锐的社会问题与矛盾需要动员更多的资源来面对，而公益是可能的动员模式之一；对于企业家们来说，在一个快速发展与社会问题并存的社会中寻求发展，讲求企业社会责任与争做公民企业是塑造"好企业"形象的重要途径；对于艺术家和明星们来说，在那么多社会困难面前，慈善与公益是凸显他们光彩地位的制高点。可以预期，公益将由热门话题转变为重要的社会发展项目之一。

但是中国公益界已经习惯了在比较窄的范围内扮演做好人好事的角色，而且在很大程度上他们并不十分适应公益飞跃发展时代的到来，而要适应这种需要就要实现一些必要的转变：一是从注重济困解难向更大的创新拓展领域发展，如科普、文学推动、文物爱好、美丽事业、全球发展、学术革新、教育改革等等都是我们公益应该关心的范围；二是在与青年人才的互动中，培养出一大批新的优质的后备公益人才，也为公益创新添加人力资源；三是从做公益的道德优越感转化为社会渗透力，将公益的经验与感受变成社会动员的能量，鼓励更多的人尝试与接触公益，壮大公益氛围与群体力量；四是由单打独斗的模式向推动产业链化集群发展的模式转变，在推动公益园区与公益体制创新方面形成凝聚力；五是由相对封闭或者半封闭的公益圈子关系向更为多元的企业、艺术、媒体关系转变，公益领导人应该在 EMBA 班、企业总裁班、政府领导人班、时尚派对上建立更为宽泛的社会关系，改变自己的活动半径与影响力模式。如此，中国公益服务的快车道就将为期不远了。

　　我们可以用一些怎样的朴素指标来了解公益已真正成为了社会认可的事业呢？答案是：当企业家的公益基金有了更多真实的战略目标与资助计划的时候，当公益组织全职人员的薪水至少也与企业的薪水相当的时候，当家长对于孩子前往公益组织工作并将它作为全职工作也不会觉得有多么离谱的时候，当我们的公益组织不只是一些苦大仇深的斗争组织的时候，当我们提到公益组织不会让有关部门觉得是一些需要严格控制的潜在问题组织的时候，当我们的孩子习惯了去公益组织与社区从事一些社会服务与社区工作的时候，那么我们的公益就真的到了另外一个季节。

公益转折的伟大意义

当三十几年前允许私营经济在中国发展的时候，中国开创了一个伟大的经济发展时期：允许私营企业发展是因为那个时候经济处在崩溃的边缘，需要有新的经济发展来解决经济负担。但在今天我们面临社会矛盾与社会问题空前复杂与严重的时代，这些社会问题因为利益群体的多元化与问题类型的丰富性而使得过去往往一刀切的行政手段与措施的效能很有限了，所以需要更多专业的、有针对性的、多样的、丰富的公益组织来提供看起来细碎而实际上非常有效的非政府公共服务。因此，今天的公益创业的时代非常像三十几年前的私营经济发展的初期，也是一个重要时代的开端。我们这个本来以企业家与财富为主导的社会，也因为有了公益家群体的崛起而使得这个社会更加平衡。

在中国社会过往的治理模式中，除了政治家以外，知识分子是代言社会利益的主要精英（构成纵向社会精英）。当经济发展以后，财富群体提供了某些新的权力分配机会，但是权富阶层本身不能带来社会的充分公平，尤其是处在社会底层的普通无领、蓝领和白领群体，很难在社会权力的上层结构中有话语权，因为他们没有直接代表该群体利益的话语权人（横向代言精英）；而社会上大量的草根公益组织与社会工作群体的崛起，由于对他们的工作成就与社会认可大量来自于为普通民众与社会群体的服务，因此他们就成为比较接近普通公众的新精英与新的社区公众人物群体，从而也就成为横向代言精英的来源或者支持条件。所以公益组织的发展不只是提供了更丰富的公共服务资源，它还直接为社会自治提供了更多的人力资源与社会资本资源。

但是，中国社会的公共服务资源基本上是由政府垄断的，在重视民生与服务转型的前提下，除了要提供更有激励性的社会公益创业政策外，还应该认真考虑公共管理服务外包工作——因为大量的公共服务资源在行政机关与国有工作模式内很难发挥高效率，同时还可能出现大量的浪费与腐败问题。在政府大力投入民生事业的情况下，特别需要发展出以公共服务为专业诉求与能力范围的专业公益组织，政府重在制定政策、重在创新示范、重在开放服务范围、重在培育公共服务资源、重在制订与监测执行公共服务标准，这样，公益组织与公共管理部门就找到了最大交集，并促使我们的社会能够在较短的时间内形成有强大服务能力的公益组织与公益品牌。

在这个转折的过程中，公益将作为一种强大的新行业而带来服务业的新发展与新的就业领域，其中公益基金会的发展（公益金融）将扮演发动机的角色，而行动型NGO的发展将丰富与拓展公益实体业务。目前，公益基金会已成为加速吸引资源的一个机制，尽管其中也不乏问题，正如私营资本在初期发展时问题重重一样；但是这也表明了一个崭新的领域正处在爆发的前夜。

公益事业的产业链

公益事业现在开始热起来了，这是好事情。而且如果我们站在系统的角度来看大家所做的公益工作的话，就可以看到大家做的工作是分布在公益价值链的不同环节上，比如友成与南都等公益基金是为整合公益财务资源提供资助平台的；映绿这样的机构是做能力建设的；"零点"的大学生公益创业计划是做基础动员工作的；自然之友、21世纪教育研究院、视野中国、协作者组织等是做具体项目操作与管理的，当然还有不少组织比如一些中介型的公益网站与教育性的公益组织也属于营造基础条件的范畴。最近一些公益组织的领导人，站在更有战略性的角度来设计基金会中心，他们举办具有战略规划与整体资源整合色彩的公益京交会与公益嘉年华，以推动区域公益资源集群的孵化发展，这些都是有非常重大提升作用的发展，这些发展有帮助公益产业链整体发育、使各类公益组织找到更好的协作伙伴以及提高资源利用效率的作用。

在公益产业链或者说公益价值链的整体环节中，还有两个环节是比较薄弱的：一个是公益研究与公益策略咨询，在目前的公益行动与公益管理中充满大量拍脑袋的行为，导致以为做好事情就可以冲动或者朴素地去做；另一个是公益项目与公益政策的成效评价，无论是政府部门关于公益工作的措施还是公益机构的公益行动，好不好主要靠自己说，靠感觉，靠书面游戏。这两样工作一个在头，一个在尾，而在尾的又进一步影响在头的，如果没有细致的研究与策略设计，没有适当的评估，公益行动议事日程的先后顺序、措施得当与否、实际上的正面与反面效果都蒙在鼓里，那么把公益做成公害的可能性其实是不小的。

公益事业产业链化，一个关键的效用在于便于资源利用效率的提高与便于有效地推动公益事业的快速发展，政府便于政策促进，组织便于寻找协作对象，个人也适合找工作与找到做志愿服务的地方，这非常值得很多地方政府把推动公益产业的发展纳入"十二五"规划的范畴内，形成详规。另外的一个关键就是大胆提高公益工作的知识化与科学化程度，从而推动公益事业成为现代区域服务业的组成部分，有效地与社区服务、人力资源服务、特殊人群服务结合起来，成为一项可定义、可规划、可度量的现代职业与现代服务产业。我们可以预期的是，在一个地方，如果公益产业链发育起来，那么它不仅提供了经济与社会发展的新增长点，而且还能为人们交往与社会文化的丰富化提供美好的作用点。

造就一万名公益创业者

"零点"的大学生公益创业模式是要在普通大学生中鼓励凝聚青年力量，尝试更多的社会服务与社会工作，在这个过程中发现与强化自己的公益热情，锻炼与熟练自己的公益技能，形成与壮大新一代的公益人才群体，让更多受过较好教育的青年人才把公益服务与公益就业当成常规的职业与值得投入的职业领域。为此，我们不仅要在更多的大学校园中动员，也需要形成更多的大学生模拟公益创业团体，还要在他们之间建立更多的沟通与交流关系。

如果以一个大学生公益创业社团大约有 10 位参与者计算，我们"零点"将整合相关资源来资助与训练大约 1000 个大学生创业社团，产生 1 万名大学生公益创业人才，同时推动产生分布在不同领域的大约 10 万名大学生志愿者。在此基础上，"零点"将形成进一步的支持机制：一是支持部分有公益服务意愿的大学生从事有补贴资助的公益见习工作；二是进一步资助部分学生毕业后有意向正式从事社会化公益创业的组织；三是向企业的社会责任部门与公益组织推荐有一定服务经验的青年公益人才。在正在快速兴起的公益服务领域，我们最薄弱的恰恰是最前端的社会动员与人才动员部分，如果我们在这个部分有一个好的启动，那么将能推动公益事业走上更快的车道。

现在我们来算一个倒推的账，一个学校通常一年平均能产生 3~4 个有一定潜力的大学生公益创业社团，也就是一个学校一年平均大约能产生 35 名大学生创业人才，因此如果按照每年产生 3500 名大学生公益创业人才来计算，则需要在 100 个大学进行动员。

做好 1 万名大学生公益人才的工作不是我个人，也不是"零点"的孤立操作，我们将与教育、人事、公益基金会、公益事业组织、媒体、企业共同努力，把国内外有价值的经验与资源尽量整合为有规模、成体系、可持续的人才培养模式。我们相信，这 1 万人将成为 1000 万到 10000 万中国公益就业者的种子队伍，中国的和谐社会需要我们在2035—2040 年 GDP 可能成为世界第一的时候，有 10% 的工作人口在公益领域就业。OK，现在是把这件事情认真对待的时候了。

"零点"的公益创投模式

我与公益领域内知名的徐永光先生、杨团女士一起参与了CCTV-12的《中国慈善公益导航》节目录制。这一节目由南都公益基金会支持，以节目的形式公开选择合适的公益项目，体现了公益透明度，也以节目的形式让广大观众对于公益及其项目的管理有了一个新的认识渠道；这一节目也是首次让大家了解与体会公益创投的模式，所以我也觉得参与这样的工作很有意义。希望第二季的公益导航节目能进一步把大学生的公益创业列入节目范围。

公益创投的本质就不同于商业创投，公益创投是投入财务资源与其他社会资源，收获的是一种组织化社会服务能力。"零点"在大学生中开展的公益创投项目已经初步投资于大约三十个项目。"零点"的公益创投考虑三个基本要素：一是货币资本的组织与转投入，"零点"使用的是多渠道资金募集，投作初始的学生NGO的启动项目资金，然后帮助学生NGO建立募资技能与进入社会网络，逐步建立其独立的获得资金资源的能力；二是人力资本的投入，这包括了在较为广泛的校园范围内进行校园动员，激发出有公益人格的公益积极分子，并对这些人才进行初步遴选、训练与实践跟进，使其逐步具备更强的组织推动与维护的能力；三是社会资本的扩展，这包括了引入更多的校外NGO与公益专家成为支持学生NGO创立的社会力量，也帮助学生进入更加宽阔的媒体、资金和学术支持资源库。

大学生在公益创业起步的时候有这样一些基本的功课可

以做：一是可以广泛查阅与参考国内外的NGO的实践，很多模式是可以模仿或者是可以得到启发的，有些甚至是可以直接复制的，在这里，模式很重要，也就是说，不是简单地学人家的样子，而是要对他们公益范围的界定、组织模式、实施流程、成效评价、筹资方式、传播路径等均做系统的考察；二是将实际操作型NGO的一些业务骨干引为学生NGO的顾问与导师，但也不要简单地作为领导，要听取而不是简单地搬用他们的意见；三是充分接触可能的受益人与资助者两方面的信息，从中筛选出自己的NGO创立模式的特点与价值点。在"零点"的公益动员中，我们注意到大学生对公益事业存在着普遍模糊的看法与迷思，这与他们基本不接触这方面的信息有关，而对这方面的公益创业感兴趣的人，则需要在这方面的知识、信息、技能方面有一定的准备，尤其是可以考虑去某些外部NGO充当志愿者或者实习，并在这一基础上考虑娩出型创业模式，而社会NGO也将学生的创业模仿作为自己业务扩展与人才培养的一种方式。

与其他公益平台重视对社会NGO的投入不同，"零点"的公益创投更重视对大学生的投入，其中非常核心的一个考虑就是要为中国正在兴起的公益事业（NGO创业、企业社会责任专门岗位人才需要、NGO转型中的人才需要）提供更多的后备人才准备，同时我们也相信，公益创业的参与也能非常好地为大学生提供一条接触社会知识的门径与锻炼提升领导力的机会。

在金主中营销公益

社会问题的解决需要社会事业领域的公益创业，尤其是那些精细的社会动员与社会帮助工作，这些工作只有非政府的公益组织才能做得更好。与政府组织相比，非政府社会公益组织的存在与其筹资的能力存在很大的关系，在很大程度上作为一个提供社会服务的组织，它需要同时面对社会投资市场与社会服务市场这两个市场。美国与欧洲国家的社会公益组织的收入占到 GDP 总量的 5%~10%，那么我们从这里面就可以看出，要筹集出那样规模的费用显然不是简单的等、靠、要就能够解决的。社会公益创业是未来的一个重要的趋势与机会，因此，如何在金主中营销公益，并最终筹集到公益活动所需要的赞助资金，就成为今天的重要任务。公益组织需要持续不断的资助来保证其长期运行。在我们讨论向金主营销公益的时候，实际上我们说的是在公益资本市场上进行的营销，对象是社会投资家。对于公益组织的管理者来说，对金主的营销技能非常关键。

定位：社会投资者是圈子化的，他们中有政府基金（比如美国的 NIH 的基金）、有私人基金（如盖茨基金与福特基金）、有个人资助者，要对他们的情况与各自的资助重点、范围、规模有相当的了解，看他们的资助文件、格式，请教与他们有合作经验的机构，在此基础上确定自己的争取重点。政府基金一般手续很严格，进入很困难，但一旦有了合作则可能比较长期，而且评估要求并不高；而私人基金则要求比较灵活，但是评估严格。社会投资者有自己的圈子——会议、论坛、沙龙，尤其是他们自己资助的活动，因此成为他们圈子中的人是接近他们的重要机会。实际上有些组织可能是你想接近的，但是你也可能发现与另一些组织的项目官员更谈得来。所以定位是一件很实际的事情，是双向的事情，需要在互相了解与认知的基础上确定。在社会投资领域中存在着一种潜规则，那就是只要一次资助项目做得成功，那么以后你可以期待的资助金额就会有很大的上升，所以长期合作金主是公益事业可持续的重要保证。当然，明智的公益组织负责人要善于把资助来源多元化。

项目：公益组织的产品是项目。公益项目需要在特定领域中符合现在的需要，因此需要公益组织的人士有相当的书面与口头游说的能力，事实上很多公益人士发表不少言论与文章来论证自己选择的适当性。这些项目在定义问题、确定范围、工作方法、成效评估方面应该有明确的说明。实际上很多金主喜欢做其他人没有做过的项目，所以新思路非常重要。项目中的资源联系、人力资源配置也是显示项目竞争力的重要部分。要有合理的预算规划。公益项目可以有管理费，但是不可以有利润预期。公益组织需要有很好的口头沟通人才来推销自己的项目。项目的核心要点表现在项目计划书上，因为公益项目很像研发计划，它没有实物在前，因此认真、细致设计的计划书是吸引金主的重要条件。现在大部分公益组织的计划书写得很粗糙，而且很随意，那就很难真正得到重视。

领导者：公益组织的领导者必须是富有热情、对于项目领域有特别的爱好与投入并且有独到见识的人。如同 VC 一样，社会投资界也普遍存在着"投项目是投人"的规则。所以那些投机型、例行公事地给自己找一个饭碗的人做公益，至少在筹资方面往往很难成功。社会投资家往往是一些本身对社会事业很有热情的人，他们阅人很多，很容易闻出你的味道是一个什么样的人。当然很多人在中国进行社会事业创业可能属于初创，那也不要紧，很坦率地告诉他们你是初入江湖的人，你需要他们的支持与帮助，只要你有好的主意，再结合他们对你热情的认可，很可能就能得到他们的资助。要注意刚刚入道的人不要胃口太大，提出的资助要求不要过分，设计的项目也不要是那些显然你很难保证能成功的——要做出与你能力对称且稍高于你的能力，但经过努力后就可以达到的承诺。

场合：公益项目没有常规的显示场所，所以应该适当地利用好研讨会、项目总结会、项目结果发布会、项目推展活动等场合，将资助者与潜在资助者介入其中。利用项目滚动，意味着可以充分利用原有项目资源来开创新项目资源的可能性，而且由于项目具有可体会的机会，因此这比纯粹的拜会与推销要有效得多。还有，要充分利用项目成果，参与相关政策与其他的研讨活动，增加展示度——项目成果是最佳的营销工具。将项目结果转化或者设计成媒体材料、电视节目与书籍也是很好的传播模式，这有助于加强公益组织的权威性。

中国公益组织在规模上还属于新起时期，因此真正有经验的组织是有限的。作为新起的公益组织领导人与社会创业家，很重要的是要成为社会活动家，要对相关组织信息有充分的了解，对相关领域的国内外实践有较多的认识，并且形成自己的见解。在有限的范围内，先行进行一定的尝试性实践，这将有助于树立实干家与动手干活者的形象。实际上，很多的国内外金主对中国本国的公益组织预期不高，所以真的要是认真准备了，就有可能让他们有为之一震的感觉。有志于公益创业与从事公益工作的兄弟姐妹们，加油啊！

助力公益人才的培养

美国 GDP 的 7%~8% 来源于公益部门，而就业比例更占到总就业人数的 11%。这里我要突出强调的还不是公益对于经济的社会贡献，而是强调有如此多的人力资源可以在公益领域就业、选择就业与获得职业成就。在中国，最近几年发展起来了一定程度的公益热，企业家与相当一部分民众有了参与公益的意识，投放在公益领域的财务资源有了显著的增加，但是公益领域的人力资源，尤其是成规模的公益管理者、专业公益人才与一般公益就业人才的总量还是很少，因此正在扩大的财务资源规模正在遇到越来越大的落地能力问题。

在我们的大学生公益创业动员中很容易遇到这样的问题，那就是我们所说的公益与大学生心目中理解的公益差异很大：公益是只有少数扶助性领域——扶贫、穷孩子上学、残疾人关怀、艾滋病防治、环境保护，还是有广泛的激发性——科学普及、见识扩展、文物爱好、宇宙探索、社交促进、沟通锻炼；公益是只为人服务做好事情的，还是也可以锻炼造就自己的才具；公益是个人性的，还是组织性的；公益是富人做的事情，还是我们都可以着力的事情。总之，其实我们需要有机会让更多的人比较清晰地认识公益的定义、范围、价值与行动空间，然后在这个范围内找到与培养出四种人：一是富有热情与使命感的公益领导人、公益先锋与公益骨干；二是乐于在公益部门工作且也有一技之长的专业人员；三是能把公益也看做是一个就业岗位的一般人才；四是看好公益并愿意在这个领域中志愿发挥自己某些方面作用的支持人才。这四个方面的人才大致呈金字塔式分布，从而构成公益领域的人才队伍。虽然我强调了公益人格（需要敏感、能积累为他人服务的成就感、重视社会认同的价值）的重要性，但是对于很多一般人才在认知公益价值的情况下，也能在这一领域找到某些施展的空间。

今天公益领域中的一流人才很少，这既是因为很多一流人才不屑做公益，也是很多一流的公益人才对自己的潜力特征不知晓，或者受社会流行影响而从事了一些看起来更体面挣钱的事情。现在我们很多公益领域的从业者，有拟机关人员模式的，有朴素操作者的，有模仿学习式的，也有少量细致规划型的，但是从总体而言公益领域的人才有五缺乏：一缺深刻使命感与见识洞察力兼备的领导者；二缺财务资源整合与人才整合结合的专业能人；三缺有某个方面专业长处但是愿意在公益领域就业的人；四缺有经验的公益经营管理人才；五缺具有持续力的超级志愿者。有此五缺，所以当从公益号召转到公益项目与行动的时候，就会出现很多问题。这恰恰是我们大学生公益创业项目的核心驱动目的，在我们的知识性储备人才中挖掘有公益人格者与帮助更多的人才认识公益领域的职业价值，让那些对公益有爱好、有使命的公益先锋能成为公益领域的开拓者，并带动更多的人才进入到公益领域。在这个意义上，我们的大学生公益创业计划就是一个长久而具有历史意义的社会运动。

公益创业的宽广思路

现在公益创业的流行度已经大大提高了，但是仍有很多想尝试公益创业的朋友不太知道到底可以尝试些什么样的公益创业。我建议他们可以看看国内外很多公益组织是怎么做的，从中找到灵感；也可以想想自己有些什么特别的爱好与专长，然后思考如何能把这些爱好与专长变成帮助他人的长项；还可以大胆想象一些超越周围生活中的常规事物的事情，然后看看在多大程度上可以先把它当成一件公益性的事情做起来。我这里列举了一些有意思的公益创业创意，可以作为某些公益创业兴趣者的参考。

——一文不名走天下。爱好旅行的朋友。这些人可以组织起来，把发现远距离的实习机会、特殊的爱心志愿活动与旅行结合，经常交流经验，发掘更多的各地爱好旅行的朋友，转变出更多闯荡天下的资源。可能的资助者：旅游投资集团、国际投资家、全球资本集团。

——童乐会。学习心理学与社会学的朋友。帮助组建儿童同伴活动组织，帮助独生子女小朋友建立更大的社交圈，目标是在他们遇到问题的时候有更多的同龄伙伴作为商量对象。可能的资助者：儿童产品厂家、有问题孩子的企业家。

——农居美。学习建筑学、规划学与设计学的朋友。帮助农村居民在建新居的时候有更为科学、合理、舒适的设计，尤其是居住与仓储功能的分离设计，目前尤其要充实农村的垃圾、排泄和新能源利用的合理设计。可能的资助者：房地产开发商、农产品加工企业。

——植物科普社。学习农林、园艺、生物的朋友。帮助城市居民和他们的孩子关心我们周围的植物，认识植物的名字与他们的功能，激发青少年对植物科学的兴趣。可能的资助者：农产品加工企业、农业开发金融机构。

——毛毛虫之友。学习昆虫、生物的朋友。帮助更多的青少年认识昆虫，激发与维持对昆虫的研究兴趣。可能的资助者：农药生产企业、农产品企业。

——看得懂的说明书。学习机械、语言、社会工作的朋友。组建以帮助改进商品说明书为宗旨的社团，帮助用更为通俗有趣的方法让普通消费者获得看得懂的说明书，提高新产品的使用效能，减低产品故障水平。可能的资助者：家电与电子消费品制造商、金融机构、汽车企业等。

——美丽的宋代。学习历史与考古的朋友。帮助人们认识生活里面的宋代（或者任何朝代）的独特之美，寻找其可转化为当代时尚与生活情趣的元素。可能的资助者：文物保护机构、收藏家、时尚机构。

——数字爷爷。学习计算机、信息管理和任何掌握较好数字技能的朋友。动员孙辈教祖辈电脑技能，激发他们运用电脑与数字技术的积极性，进一步激发社区其他老年人学习数字技术的积极性。可能的资助者：电脑与软件生产企业、其他数字产品收藏机构、信息化推进的行政主管部门。

——拆机队。学习机械与电机的朋友。通过拆卸旧的机械，帮助青少年认识机械工作原理，激发他们对机械运行的兴趣。可能的资助者：机械类企业、电机类企业。

——影像公民。学习公共管理、法律的朋友。以密录方式，监测各类公共服务中存在的低质量与粗暴行为，可通过网络形式加以传播，形成公共压力。可能的资助者：政府监察部门、媒体。

——读诗人。学习文学与爱好诗歌的朋友。以书店或者社区活动中心为基地，组织社会上的诗歌爱好者共同朗诵与学习诗歌，传播诗意文化。可能的资助者：文学媒体、有文学爱好的企业家。

——社区小媒。学习新闻传播与社会工作的朋友。帮助社区建立与编辑基于本社区人和事的社区媒体，动员社区财务与人力资源支持社区媒体的发展。可能的资助者：社区管理机构、居住在社区内的企业家。

——扮美小组。学习设计、艺术的朋友。在社会上传播正确的个人形象与社交礼仪，帮助人们提升社交能力。可能资助者：化妆品公司、形象设计专业机构。

社会公益怎么创业

我最近大力提倡社会公益创业（social entrepreneurship），当然这个词本身不是我的首创，实际上社会公益创业目前在国际上也相当风行，尤其在有比尔·盖茨与巴菲特的巨资捐献之后，社会公益创业的热度更高。国内在最近企业社会责任与商业创业很热的时候，提出社会公益创业也是别有意义的。

首先，我们要知道，不是所有人都是只想做生意或者在普通的商业行业中就业的，在我们的人群中，有些人本身就是对做公益事业感兴趣或者是有专长的，从他们这些人的长期安身立命与发挥作用的角度来说，并不需要都涌去做生意，他们可以从事社会公益的创业，而在创业之后也为更多人在社会公益事业中就业提供了条件；其次，不少人想进行社会公益创业，但不知道怎么做，或者在启动条件上有一些差距，所以如果有人提供知识信息共享、专门管理技能训练与经验交流方面的支持，那么这些人的社会公益创业梦想就更可能付诸实施；最后，当有了一些成功的社会公益创业案例的时候，就为更多的人从事社会公益创业提供了活生生的榜样，就能推动社会公益事业更好地发展，甚至推动社会公益环境的改善，在创业者的眼里，即使现在社会公益创业的条件还具有一些挑战，但这恰恰是社会公益创业的社会价值所在与需要创业的原因所在。

我针对上海大学生科技创业基金的事，与亚洲公益论坛的领导沟通社会公益创业的构想，同时帮助大学生开始对社会公益创业的鼓励与支持措施提出具体的规划。在最近的一段时间，考虑国内公益组织的管制模式会首先在大学生范围内鼓励与支持公益创业，因此利用建设具有社会活动能力的学生组织的形式，通过审批专项申请的途径，提供启动资金，并在组织构架、筹资技术、项目管理、成效评价等方面提供培训支持，提供社会公益创业的创业导师，并为社会公益创业参与社会公益交流提供常规平台。当然并不是所有人都符合社会公益创业的要求，其中个人强烈的社会公益兴趣，以及对社会公益创业模式的初步设计均非常重要——所有人都可介入公益创业，但只有那些在模式设计上有所创造者才可能获得适当的支持与帮助。我个人期望社会公益创业不仅提供给大学生一种良好的社会实践模式，同时也能提供给大学生一个未来在社会上持续创业与就业的新渠道，而且也为在社会公共服务中扩大 NGO 的人力资源与活动资源提供了有效的支持。如果我们在一个五年计划中能产生100~200 个有一定影响力与活动能力的社会公益创业案例，那么这将是对中国社会公益事业的重大支持。

公益创业的样子

在清华大学的大学生创业实践比赛中，入选的公益创业方案有四个突出的特点：一是涉及的工作面广——针对封闭症儿童的特殊教育，宣传遗体器官捐献，文具捐献，通过青少年创意性地传播气候变化知识，传播少数民族文化，与来自西部的大学生共同支教，帮助留守儿童掌握摄影技能等；二是项目设计充分重视了公益项目管理的要素——筹资、资源协调、培训、质量控制等，并配备有专门的团队成员；三是体现了跨领域合作的特点——既有跨系科的合作，也有跨校合作，甚至还有与校外 NGO 本身的合作。从这些项目中还可以看到，女同学的参与积极性更高，设计周全性更强，相当一部分项目参照了社会上的 NGO 的成功实践。相对而言，那些能够被大家看好的公益创业项目有这样一些特点：着力点非常具体，从小处进行操作设计；不只是重视项目的展望，还重视对项目成效的评估机制的设计；项目需要具有本身的接续机制；项目本身需要具有获得多元资助的可能性。

与清华大学的大学生创业实践比赛不同，参与"零点"大学生公益创业项目的大学生来自复旦大学、同济大学、上海交通大学、华东师范大学、浙江大学、北京师范大学、北京农业大学、北京中医药大学、厦门大学、中山大学、湖南大学、西南交通大学、黄河科技大学、西安电子科技大学等十多所大学。"零点"的大学生公益创业项目的一个重要特点是，不只是单一项目的组织，而更重视确定以大学生校园以外的社会服务与社会工作为核心，成立组织化与品牌化的专门学生社团来开展项目，一个社团先需要设计初期项目，但未来可以开发与形成多个操作性的公益项目。为探索更加持续深入的大学生公益创业培养机制，由我本人为主已经在西南交通大学公共管理学院，并进一步在清华大学、北京理工大学开设知识、案例、互动作业与实案设计相结合的社会公益创业课程，课程完成之时的课程作业设计本身就可能成为"零点"公益创业的资助对象，同时更多的 NGO、资助资源也可以透过课程而得以与选课同学有效结合。

最近我已经看到包括友成企业家扶贫基金会、南都企业基金会、福特基金会、洛克菲勒兄弟基金会、北极光风险投资公司、上海大学生科技创业基金会、欧莱雅集团、瑞银集团均已经以不同的方式开始投入对于大学生公益创业的支持，这是一个非常重要的新的资源流向。大学生尝试社会公益创业不只是能够结合自己的专长与兴趣，还能观察到各类成功的公益实践，其门槛远低于一般的商业创业；同时大学生社会公益创业可以让同学能较快地接触真实而具体的社会关系、尝试设定社会目标、管理人力资源、动员社会资源，这就能充分培养他们自己从事进一步的正式的校园外公益创业、商业创业或者未来在其他职业领域就业所需要的职业要素。包括"零点"在内的社会机构推动大学生社会公益创业的根本目的在于，帮助一大批具有公益人格的学生找到事业准备的新路径，也是为社会上正在兴起的第四部门准备具有真实的操作经验的人才，同时也为更多的学生多打开一扇接触与学习社会知识的大门。

8 善工——新公益的经营

公益的品牌溢价效应

友成企业家扶贫基金会与零点研究咨询集团合作发布的《中国企业公益指数报告》非常明确地显示，无论是一般公众还是参与公益的企业（均有六成左右）都肯定，企业参与公益能够显示企业的社会责任并提升企业在公众中的形象。更有六成多公众明确地表示，他们作为消费者在选择品牌消费的时候，在同等情况下会偏向选择有公益形象的企业品牌旗下的产品或服务。当企业有可为公众感受的公益行为时，消费者对于品牌的好感可能有两种表现方式：一是在同等条件下，人们会产生有利的产品识别，即产生优先选择行为；二是在产品品质实际同等的情况下，在主观上会产生更优认同，从而乐于付出更高的价钱来选择本产品。目前企业公益的品牌效应会更加突出地显现在识别效应而非溢价效应上。

目前中国企业所进行的公益行为，分为公益型公益行为与功利型公益行为两种。前者追求某种内在的主观价值实现或者外在的社会价值实现，但是不要求对自己所在的企业产生直接回报，有些企业甚至匿名从事公益活动；而后者则要求公益活动以直接或者间接的方式产生对于企业形象甚至销售行为的支持与帮助作用。总体而言，中国企业的公益行为

重民时代——袁岳社会管理新思路

已经处在起步阶段，但从类型上而论目前仍然集中在后者，前者也开始初步发育，但数量比较有限。本次公益指数报告很好地考察了在人性化诉求、趋势性诉求、事件化表现中企业公益行为的一些典型例子及其不同的收益。

在品牌的公益溢价效应增长的情况下，会出现企业的公益投资行为，尤其是透过投入企业公益基金会的形式，达到突出企业公益性与利用公益基金避税效应的双重目的。就公益投机而论，因为在企业承诺投入公益以后，人们对于品牌的道德期待普遍提升，而且道德丑闻对于企业的打击力也有所上升，媒体对于企业的盯牢力度也会加强，因此纯粹的公益投机行为是风险很高的。企业公益承诺必须有与之配套的公益战略与实施措施，否则将会对企业造成很大的潜在公益风险。

中国企业公益指数研究是一项"零点"与友成合作进行的年度性研究，它提供了关于中国企业公益理念与行为变化的追踪性结果。在确认了企业的公益行为对于企业品牌营销能够发生作用的同时，本次报告也在中国企业的公益行为方面有一些有意思的发现：一是中国企业的公益行为缺乏明确的战略部署，公益投入缺乏稳定性；二是多数企业对公益活动的组织化、功能化和专业化管理不够；三是公益活动领域过于狭隘，丰富性不够；四是公益人才缺乏，企业的公益活动领域存在大量业余兼职帮助的现象；五是虽然重视企业的公益发起行动，但忽略了公益监管，缺乏对公益成效的追问机制；六是以事件性公益为主导，对公益气氛的整体营造投入不足；七是不同性质企业的公益行为模式存在差异，其中国有企业的战略规划性不错，但与公益组织对接不足，而民营企业的组织化程度有待提高，港台企业在公益行动方面的整体表现参差不齐。

该修理一下村官项目了

有组织、有系统地让大学生下乡村做村长助理、村支书助理已经实施好几年了，这一做法被称为"大学生村官"，有褒有贬，但我想这对于缓解一下大学生就业，鼓励大学生去基层工作，的确有那么一点点作用。但是随着时间的流逝，我个人认为非常有必要去反思与修正这一做法，其中非常重要的一点，就是有关部门与媒体不要再称呼什么"村官"了，因为"村"本来就是法律意义上的自治组织，而不是行政科层的组成部分，选举产生的村主任和村委会成员也不该称为村官，更别说是上面分派下来的插队性质的大学生临时工作人员了。

我坚决支持大学生下村庄的社会工作项目，但现在这样的村官项目既没有大的作用，也不可能有大的延续价值。合适的做法是，各级政府部门可以在民政部门设立相关的大学生农村社会工作基金或者社会公益创业基金，然后向前来申请的大学生和已经毕业但有志于在农村服务的大学生提供资助，鼓励大学生独立，与他们能联络到的村庄村民合作，或者与其他的国内外公益组织合作，然后发展农村村庄的各种公益性或半公益性社会服务工作——农业科技普及、信息技能培训、扩展农村青少年见识与艺术修养、支持农村小型水利项目建设、农村实验与新型生态农业实验项目、农村食品加工企业的对外营销支持、电子商务在农产品领域的应用、农村社区医疗服务、农村图书与文化娱乐服务、农村环境卫生改善等很多方面的工作，而且在一个地方做出了服务经验的学生，既可以从学校毕业以后继续在这类公益组织中服务，也可以把在一个地方积累的经验推广发展到其他的村庄与地区去，也就是说，实际上不应延续大学生村官这类既不是公务员也不是村民自治组织当选成员的尴尬地位，而应用农村志愿社会工作者的身份很好地解决这一角色问题。在启动初期，这些公益项目需要政府公益基金的支持，同时这类公益项目也可以获得企业社会责任项目、其他社会公募与私募公益基金的支持，从而逐渐发展成为具有可持续性的农村公益组织。

　　按照社会公益事业的常规发展规律，这类组织的成长需要很好的来自公益界的能力训练与实践经验，需要处于各类公益组织的交流与帮助之中，而不只是简单地投放到农村社会中去；而且这些组织也应该积极动员村民，发展出本地的活动积极分子，这样才能很好地把外来干预转变成内外结合的社区发展机制；这类组织不应该是勤杂工式的角色，而应以公益类项目切入，最终成为与大学校园有常规联系的农村公益类组织。

社区新公益需要新动员

上海的地方政府正在积极推动社区公益的发展，这包括了加大对社区公益的投入，鼓励各类公益组织重视社区发展项目，推动社区志愿者发展，使原有的社区公益设施更好地与社区公益行动与项目结合。在所有这些做法中，我特别要提醒与强调的是新的社区动员的必要性，因为没有社区动员与相应的新的社区公众人物、社区公共舆论、社区公共空间的形成，社区公益项目即使不能说是无根的，至少也可以说是脆弱的。社区动员的理论在社会工作和政治竞选理论与实践中都比较丰富，但在社区公益领域所受到的重视度可能还不够。

社区动员是指在社区中采取必要的行动来冲击社区成员在某些方面已经形成的固有观念、行为模式与社会关系形态，从而产生重构观念与关系的新空间。无论是冷漠型社区还是热络型社区，当新的公益行动进入的时候，并不代表社区成员必然自然而然地接纳该行动。比如像社区参与式预算这样一件事情，本来鼓励居民参与本地区与民生有关的公共预算的制定是件好事情，但是如果没有适当的动员，那么大家对这件事情的兴趣就很低，人们之间也缺乏具有带动性的新公共人物，也缺少对于这方面的问题所形成的社区意见。在我们过去进行过的社区动员案例中，需要透过以下程序进行适当的社区动员：社区外工作者进行社区调查，即了解社区成员的相关需求和对于已经预先设计的一些社区动员项目的兴趣度；行动设计，即确定可能进行的社区动员项目，如发行社区媒体、组织社区培训、举办社区联谊、进行社区亲子活动、组织社区青年俱乐部等；进行正式的活动，即在活动中逐步发现与培养社区内部的积极分子，根据他们的想法来调整原来的行动设计，吸收他们进入社区活动动员，让他们逐步承担志愿者与活动组织者角色，关注社区中形成的社区看法，让社区积极分子成为社区活动与社区中有声望的新公共人物，并且让他们领导持续的社区服务；社区评价，即持续关注社区成员尤其是目标项目受益群体对于相关动员活动的反应，并评估动员活动的有效性，以此为基础及时调整相应的动员措施与正式的项目操作行动。在以上过程中，我们清晰地描述出这样的线路：活动要建立在对社区需求的了解之上，每个社区活动都是对社区的刺激，在这个过程中，不同的社区成员可能有不同的反应，但最重要的是，每个活动的价值在于它在多大程度上能够帮助获得社区积极分子，而当社区积极分子在很大程度上发展起来，同时在社区动员过程中所产生的对于社区成员的刺激又达到一定程度的时候，新的社区舆论与期望就产生了，并且在这个过程中，活动型的或者场所型的公共空间建设也取得了成果，因此展开相关的社区公益活动就会顺理成章。而这个过程正是完整地演绎了细碎的社会活动与社会联结，以及如何由外部发起到被内部接受，并最终为营造社区关系的新关联提供机会。

社区动员可以看成是社区公益的基础工作与前提工作，由于我们传统的社区尤其是新住宅区的冷漠程度比较高，因此社会动员的意义特别大。在这里有四项与社会动员相关的工作需要特别提出：一是社区动员人才，社区动员需要原来的社区居委会与外部社会工作者合作，以创新的方法结合原来的社区组织威望，应该尽量减少使用行政性动员模式，而更多地发展基于居民需求的新动员机制；二是整合多项社区公益行动，当进入社区的社区公益行动逐渐多起来的时候，需要进行适当整合以形成整体规划，不同项目本身可以起到作为其他项目的动员机制的作用，这样也可显著地降低动员成本；三是不少社区动员工作实际上是一种外来干预，适当的外来干预可以开启新的社区关系进程，但过去的外来干预可能会影响到社区关系的稳定性并产生社区关系后遗症，有时也会加剧社区成员的参与成本，因此进入社区的外来社会工作者要与其他已经进入的社会工作者与社区管理者多交流情况，掌握干预的分寸，并对培养社区积极分子并最终提升动员与公益项目的内化水平设定目标；四是社区动员工作需要外来社会工作者对社区关系保持中立，但又要对社区的境遇感同身受，因此建立适度的进入社区甚至留驻在社区的机制非常有必要，这一点在弱势社区人群中的价值更为突出。在理想的状况下，社区动员能够最终有助于在具有更为丰富的社区公共人才、社区公共服务经验、社区公共意志的基础上实现社区民主选举与社区管理监督机制的完善与优化。

当社区公益发展起来的时候，我们提出了一个完全不同的角度：社区成员有权拒绝不受他们欢迎的"公益行动"，因此社区动员本身不只是让社区成为很多公益活动便利进入的平台，而且还是让社区成为有成员群体自身意志、选择能力与拒绝流行性的非适当"公益干预"的组织体，这会对高度的外来干预型和以社区领导者主观选择型公益活动（基于善意的给予型公益模式）形成制约，而就目前来说，这两类社区公益恰恰是正在兴起的社区公益潮中的主流。但是，那些事前确定的和以受益人需求导向的公益模式才是我们所主张的基于社区动员的社区公益模式。

公益，动起来就有资源

看到一个视频，是关于可口可乐公司及其员工在湖南省汨罗市智峰乡汉峰村帮助村庄发展、宣传女性生育健康、保护水资源与孩子教育的内容。我想起前几天见到牵手成都的创始人李克也是与很多跨国公司做这种企业社会责任计划的落地工作的。可口可乐公司是做企业社会责任很早的公司，我很早就知道他们在做希望小学的建设项目。而现在投入公益已经开始有了很高的热度，在福建福耀玻璃的老总曹德旺把四十多亿的资金投入公益基金之后，新华都的老总陈发树建立了规模达80多亿的慈善基金。无论从哪个层面来说，公益工作正在迎来一些非常好的机遇。我最近在全国各地做"零点"大学生公益创业计划校园动员的时候，碰到一些大学生担心自己将来从事公益活动后的生计与职业前途问题。当然，我首先要强调，公益选择应当出于自己的爱好，也就是自己在这方面有一定的专长，而且对于公益工作有自己一定的理解。除此之外我还要强调，公益创业现在面临着不少前所未有的新情况：一是社会矛盾的发展与新的社会创新的要求，这实际上说明社会公益发展面临着前所未有的强烈需求；二是政府在鼓励社会公益投入方面有了新姿态，因此私募公益基金有非常快速的发展，目前全国已经达到近七百家，而且还有更多的企业正在考虑进入公益基金领域；三是包括上海、深圳在内的地方政府在公益组织注册、创业资助与社会动员方面有了更开放的政策导向，并为公益组织的快速发展提供了不少改革经验；四是包括可口可乐公司在内的国际国内企业对于公益的投入正在走向更具广度、深度与细致度的领域，因此具有公益训练的经验与背景，也正在成为就业竞争力的一个有价值的元素；五是包括 CCTV、上海第一财经等在内的电视媒体与部分平面媒体和新媒体，在倡导公益创业理念方面采取了一些非常积极的行动；六是包括零点、联想、北极光、谷歌在内的一批企业，推动大学生公益创业，为公益发展累积人力资源要素与高端社会条件提供了帮助。所有这些都显示出，我们的社会公益创业发展已经到了某种积极转变的临界点了。

很多年轻的公益参与者都非常关心公益如何能得到适当的资源。公益需要钱，不过它不是采用一般的交易模式，而更多的是采用资助、募集、捐助等形式进行；公益组织如果有成功的募资策略，那么也可以很有钱，也可以有不错的薪资，但是不能就地分红；在多方面社会条件完善的前提下，从事公益的职业条件也会越来越好，在依然会有大量志愿者工作的情况下，也会有不少人可以在相对良好的职业工作条件下，把在公益机构工作当成一个不错的职业选择。公益领域的钱也不难找，关键是要知道公益的投资者与资助者实际上是在同一个圈子里的，从圈外得到资源难，但是从圈内就容易得多；公益资助也会很注重历史信用，因此可以从一些关键资助源得到持续的资助，前提是每一个项目都做得非常好，这样有限的资助源就会稳定地提供帮助，而且也能把这样的信息带到圈里去；公益资助也基于专业发展、对特定领域（比如移民、预防艾滋病、反农药滥用、环境保护、教育等等）的聚焦与独特竞争力。在我的经验中，公益资助的信用来源于我们在可掌控的范围内，从小处着眼，有可靠的方法论与模式，有可靠的公益人力资源，然后这样的经验在时间上要有可持续性，在空间上要有可复制性。而所有这些能力的获得，都需要我们学生在大学校园里、在行动中大胆地尝试，找到可行性，找到问题，找到经验与教训。记得在上海帮助一些来自困难地区的青少年学会烤法国面包的海上青焙坊项目的法国志愿者说，其实很多跨国公司都有非常好的支持公益的项目，这样的结合空间还是很大的。我也非常希望更多大学生与社会上有志于公益的年轻人也能从可口可乐（可口可乐新农示范村）、微软（潜力无限民工培训）、家乐福（海上青焙坊）这样的公司参与公益的做法那里得到启发、激励与经验，从我们周边的社区、家乡、企业的微小而实际的公益需要中找到灵感，行动起来，做一个实在的公益操盘手或者参与者。

公益从微小的地方开始

　　我们很多朋友对于公益都有道德上的认同，但是却很少有公益上的表现，原因就在于他们没有起码的能力。最近我们在推动大学生公益创业计划时遇到一些声称对公益很热心的朋友，他们会说，啊呀，你们资助的学生公益活动太小意思了，我们愿意参与做大的公益行动。当然，不同公益组织与公益人士的兴趣定位是不一样的，但是在我看来，当务之急是要让更多的人建立起微小的公益行动的能力。

　　在这里我强调微小，我所说的微小是要学习一点点公益知识，也要了解一两个公益组织或者公益计划的情况，要尝试做一点点公益捐助，努力尝试组织或者参与一个小型的公益组织，试着去说服一些其他朋友一起从事公益服务，学着把自己的某些爱好、专长与资源转移用于公益目的。其实我们很多的青年朋友从小长大可能接触的社会知识比较少，担当的社会任务比较少，社会服务经验也比较少，因此我们就需要有微小的社会行动机会，使得我们学会为着一个社会的目标去动员人、整合资源，并达成一些看得见的成就，这样才会使我们有兴趣与初级的经验去实施进一步的行动。在公益这个领域，我们很多人连一点点的感觉也没有，光做大的其实很容易在摸不到方向中造成大的浪费，而如果我们有逐步递进的能力，那么我们也可以由小到大进行探索，从而培养出扎实的公益系列人才、公益系列服务与公益系列能力体系。由于人们在公益领域的探索比较容易与我们个人的条件结合，也比较容易为社会所宽容与认同，因此我们从微小的地方起步做公益，可以为我们积累更多的实际操作经验，也能为在其他领域的创业与职业行动中提供支持。

针灸的作用点是小小的穴位，治疗的要点是抓住关键的穴位。我们今天的社会也许太急于求成了，所以上上下下的人对于做大的兴趣过强了，因此最后就把事情做得很粗糙，其实我们这个世界是个由微小构成的世界，微小的生物与微小的人物是我们这个社会的主流，我们要成长成为大的目标也需要从微小的地方起步，我们今天知道的很多大企业都是从小的地方开始，我们很多的 NGO 领袖也是从微小的事情上培养公益的兴趣与能力，很多时候过早变大、拔苗助长也会导致我们的大个很难长期维持。我们的人才如果能在每一个微小的点上有创新的贡献与经验，那么我们就有可能获得一个精湛的总体，这个道理不只是在公益方面，在其他方面也是如此。

公益问题上的迷思

一、公益是有钱人才干的事情

《圣经》里耶稣曾经表扬过一个很穷的妇女，她把自己仅有的几个小铜板都献出来了。在这次汶川大地震捐款的人中也有乞丐。所以说，公益是共同可为的理念和行为。比如说，看到一个水龙头在漏水，那么这个水龙头一定要很有钱的人才去关吗？看到一个弃婴被扔在路边，那么一定要很有钱的人才把他交给福利院吗？如果在我们还是一个小孩子的时候，在我们还不是太有钱的时候，在我们还不太发达的时候，就形成了帮别人一点或者为大家之事留心的习惯，那么我们就成了公益者，这个无需等到我们特别发达。如果我们一向不怎么有公益习惯，而只有回扣的习惯、行贿的习惯、做假账的习惯，那么我们很可能到后来很发达时也不愿意帮助别人。我不在道德意义上认为一个做公益的人就一定是很高尚的人，一个不做公益的人道德就一定很低下，因为这很可能就是一个习惯。其实有些坏人也会做很多公益的，而一个没有公益习惯的人，就算混进了公益组织也不一定是在做公益，反而可能是个公害。

二、心好就能做公益

每个人都可以多少做点儿公益，但不见得能持续、长久、得法与耐心地做公益。有研究表明，只有10%的人是有公益人格的，而大部分的人是交易人格——我拿的这点工资对得起你；你爱我，我才爱你。公益人格的特点是，当他的收益与投入并不平衡时，他依然会愿意成全其他人的价值。特雷莎是一位修女，她把自己献给上帝，不能有家庭，而且她所在的组织只进行基于项目的资源募集，甚至不给自己多募集一点下周的余粮。她为了做公益，放弃了普通人可以享受的所有东西，而且整天为了印度穷人的福利去做公益。有公益人格的人有个特点，就是他们的成就感不是来自于平衡的交易，而是来自于在不平衡的交易中还能把公益做出来。如果你是一个公益人格者，并从事了公益事业，也许你不会取得像企业家那样的成就，但是你可以感觉到在公益领域里非常有意义，可以找到自己的价值。在美国有一个规模非常大的环保俱乐部——西拉俱乐部，它有50万会员，其实这是一个由普通家庭妇女创建的俱乐部，她的理想就是，还美国以青山绿水。我还想推荐大家看一本书，叫《沉默的春天》，这本书的作者在20世纪60年代顶着社会重重压力出版了本书，成为美国当代环保运动的旗帜。

三、公益是挣不到钱的

美国有一个很有名的快餐店，叫温迪斯，是麦当劳的竞争者，它属于救世军，是一个有基督教背景的社会公益组织，它是美国最挣钱的快餐公司之一。美国公益组织的收入占到整个 GDP 的 7%~8%，解决了美国社会中大约 10%的就业人口。我们一般认为，公益就是帮助弱势群体，其实公益的范围很大。比如鼓励在中国充分发展对昆虫学的研究、注重潜意识的研究、增加流动人口人民代表的比例、关心血友病人、反对农药滥用、希望加强特定人群的政策发言权，等等，这些都是公益。如果从盈利的角度看，公益项目有亏的、入不敷出的，但也有盈余很大的，而且能挣钱的公益组织也不一定比商业公司少；在公益组织里有不领薪水的志愿者或者低薪的职员，但也有人可以有不错的收入，也有高薪职员，但不能像商业公司那样去分红。公益组织很重要的工作是掌握筹款技术，奥巴马在选举中是第一个在美国历史上筹款总数超过了共和党候选人的民主党总统候选人，而且超得很多，因为他改变了筹款方法，第一次使用网络小额筹款法。今年汶川大地震捐款的时候，招商银行也采用了小额筹款法，非常成功。

四、只能等有了天灾人祸才有公益行动

随时随地社会都有很多的公益需要，有的公益人是为了弥补社会机制的不足，有的人则是为了提升社会运作的质量，但大多数的人则是被动与消极公益者，只有那些具有公益人格的人和专业的公益机构通常才能扮演积极公益者的角色。前几年，我们帮助某手表企业清理因为经营不善而积压的产品，为了在做清仓时还不影响品牌的价值，我们建议采用社会公益营销策略——鼓励戴它的旧手表的人，把旧表清洗后捐献给从来没有戴过和见过手表的希望小学的孩子们，然后再加一点点钱就可以拥有一块新表。这样，这个企业只用了一年的时间就把所有的库存表清理了。

五、搞公益的人就只是牺牲

做公益，特别是在社会发展中从事公益，对于大学生来说就有了一个稳定而有效的接触社会的渠道，而且还能在实际的社会行动中与社会互动，锻炼自己的交往、组织、领导与沟通能力，另外还能充分显示你的值得尊敬的人生价值观。同时，你还为自己开拓了广泛的就业专业机会——你可以去企业从事日益增加的企业社会责任工作；你可以去本国与国际 NGO 就业；你可以去申请 NGO 与公共发展的留学机会；你可以创办相关的公益组织并开始公益创业。北京师范

大学的学生白鸽协会与师生组织的善款追踪组织都在这方面创立了很好的典范。

六、每个人都可以做好公益

无论是政府做的社会福利，还是对普通人、贫困者、弱者的帮助，在不当的情况下往往都会导致负面结果。很多研究表明，通常的公益模式会加剧贫困、加剧弱势、加剧懒惰与依赖、加剧问题的严重化。我们研究过一个劳模效应，本来在一起干活的同事，一旦他成了劳模，回来就没人把他当劳模了，大家会认为"你是劳模，你涨了工资，我们却没涨。"结果大家疏远他，而且会排挤他。再以帮助贫困儿童为例，一旦帮助了一个小孩之后就会出现一个现象，大家会认为他是这个村庄里最有稳定保障的孩子，甚至超过了最富有家庭孩子的保障。可是凭什么这样说呢？在这种情形下，如果你被公益了，其他人都会感觉太不公平，导致千夫所指。所以，当我们做一个村庄援助的项目时，我们需要设计"负面相应的防范机制"，用更好的公益模式减少副作用。我们很多时候捐了钱但不懂得追踪，所以就成为善款腐败的来源；有时候我们帮助别人太多，结果导致了依赖，使得他们不再那么自我努力。所以我们需要在做公益的时候学习更多专业的公益管理技术与服务技术，这样才不会好心办坏事。

七、我们大学生自己还没有工作所以干不了公益

我要说，恰恰大学生是最适合做公益的，除了时间上有比较大的自由支配度外，在公益知识的获得和传递方面，大学生也有很多便利之处。现在很多学校里都很鼓励社会公益创业，鼓励学生去学习公益知识、公益创业知识、筹款技能、项目开发技能、资源管理技能、组织协调技能。去年我在耶鲁大学做世界学者，专门选了他们的社会公益创业方面的课，内容很有意思。在大学里，成立公益性的学生社团也相对比较容易。所以，我觉得，对于我们很多学生来说，尝试公益领域的行动可以增加未来的选择，特别是它是明确人生爱好的一个很重要的方式。

我相信，第一代真正对社会具有重大影响力、成规模、成气候的公益组织是在现在诞生的。

中国从来没有像现在这样重视民工、重视环保、重视公共卫生、重视食品卫生。当社会上需要解决的问题越来越多的时候，政府其实是愿意转嫁更多的负担给公益组织来做的。最近，我们和中国扶贫基金会正在研究需要给予公益关注的社会问题的长名单与短名单，其中有很多问题需要我们马上关注。我建议，那些对公益有信心、有爱好、有一些了解、有机会运作的同学，一开始做的时候对自己的要求高一点，采用高起点的正规公益的模式。在这方面，我们的"零

点大学生社会公益创业计划"愿意给大家以帮助和辅导。实际上，由于公益领域还有很多方面需要开发，所以如果大家愿意做，那么就很容易做成在某个领域中的公益组织的开山鼻祖。